등줄글노래기의 노래

정 상 규 수필집

책 마 을

등줄줄노래기의 노래

정 상 규 수필집

책마을

‖ 머리말 ‖

첫 수필집을 묶으면서

　아파트 화단의 치자꽃이 함박웃음으로 반기는 아침이다. 척박한 땅에서 길어 올린 수액으로도 이토록 아름다운 꽃을 피우고 달큼한 향기를 뿌리다니……, 마음이 상쾌해진다. 이 위대한 힘, 치자가 걸어왔을 인고의 시간을 생각한다.
　내 수필도 아침의 치자 향처럼 사람들에게 환한 웃음을 줄 수 있다면 좋겠다. 삭막한 인생길을 잠깐이라도 촉촉이 적셔주는 향기가 될 수 있다면 참 좋겠다.
　하지만 재주가 닿아야지…….

　그래도 땀이 즐거움으로 이어지는 맛을 종종 본다. 한 편 한 편 글을 쓰노라면, 어느덧 현재와 미래의 벽이 허물어지고 시간의 경계가 사라짐을 느낀다. 그곳에는 어린 시절에 만났던 세상도 있고, 숨차게 달음박질하는 예순 넘은 삶도 있다. 시간이 사라진 순간, 끙끙대며 글을 쓰는 그 순간에도 시간은 빠르게 내 곁을 스쳐 달아난다. 그 뒤로 아쉬움이 긴 그림자를 끌며 따라간다.

나는 때맞춰 씨 뿌리는 법이 없었다. 항상 한 박자 늦었다. 짧지 않는 세월을 맞이하고 보내는 동안 이런저런 이유로 지각한 일이 어디 한두 번인가. 철이 늦게 든 것은 물론 공부도 뒤늦게 후배들 틈에 끼여서 했고, 교사생활도 그러했고, 문학도 그러하니 인생이 온통 늦깎이인 셈이다. 그 뿐인가, 신앙생활은 아직도 늑장만 부리고 있다.

그나마 다행인 것은, 용케도 아직 포기하지 않았다는 점이다.

게으른 성정에다 놀기 좋아하는 나에게 '땀의 즐거움'을 맛보게 해주는 문학이 있다는 건 행운이다.

부족하고 어설프지만 그래도 끝내 포기하지 않는 마음을 가졌으니 이 또한 행운이다.
그동안 여기저기에 발표했던 작품들도 다시 보니 고칠 부분이 어찌나 많던지……. 부끄러운 마음 밀쳐놓고 하나하나 다시 쓴다는 마음으로 읽고 또 읽으며 다듬어 보았다. 그래도 여전히 아쉬움이 많다.

출판사에 원고를 넘겨놓고는 다시 마음을 다잡아본다. '인생은 육십부터'란 말을 슬쩍 '칠십부터'로 바꿔놓고 넉넉한 마음으로 다음 농사를 준비할까 한다. 글을 통해 사람 냄새나 체온을 전하고 싶기 때문이다. 아픔이나 고뇌를 글속으로 불러다 노래가 되게 하고 싶기 때문이다.

문학의 길에 첫발을 내디딜 수 있도록 지도해 주신 곽흥렬 선생님, 지치고 힘들어할 때 격려와 용기를 아끼지

앓으신 박지평 선생님, 제 수필의 못생긴 열매나마 과육이 더 단단해지고 진한 단물이 돌 수 있도록 지도해 주시는 손희경 선생님, 고맙습니다.

꼼꼼하게 매만져 가며 정성을 다해 책을 엮어주신 책마을 식구들에게도 고마움을 전합니다.

곁에서 묵묵히 지켜봐 준 아내와 어느덧 어른이 되어버린 아이들에게 이 책이 선물이 되면 좋겠다.

2011년 8월
천호 정 상 규

‖목차‖

머리말·첫 수필집을 묶으면서 —— 4

제1부 그 작은 손이 가르쳐준
혼魂, 창創, 통通

부서진 녹음기와 미소 —— 16

손가락 끝, 그 눈빛 —— 22

그 작은 손이 가르쳐준 혼魂, 창創, 통通 —— 27

바람과 소리와 초분 —— 32

미끼 —— 36

목탁 —— 41

홍시 —— 46

히아신스 앞에서 —— 48

‖ 목차 ‖

271 ── '아름다운 도전'을 읽고 / 이동민 · 작품평

제2부 신이 머무는 곳

52 ── 등줄굴노래기의 노래
57 ── 아름다운 도전
62 ── 신이 머무는 곳
66 ── 더듬이와 지팡이
71 ── 마음의 벽
75 ── 자장면
78 ── 식탐
83 ── 지금 나는 행복한가
87 ── 보는 눈, 느끼는 눈

‖ 목차 ‖

제3부 봄, 그리고 흐르는 강물

호박 —— 94

봄, 그리고 흐르는 강물 —— 100

선택 —— 110

그루터기 —— 116

터 —— 120

세월의 멱살을 잡고 —— 126

흰 연산홍과 놀다 —— 131

너털웃음이 그립다 —— 135

생성과 소멸은 공존할 수 없다 —— 139

‖ 목차 ‖

제4부 정서情緒 엿보기

144 —— 소통의 힘
148 —— 정서조절코드
153 —— 시샘의 두 얼굴
158 —— 마음 다스리기
163 —— 사랑, 그 달콤하고 힘나는
167 —— 긍정의 시작
172 —— 애착과 집착의 경계
176 —— 노래 부르기

‖ 목차 ‖

제5부 배꼽, 독립선서 혹은 숙명의 상징

GS 그룹 —— 182

개성과 조화 —— 186

배꼽, 독립선서 혹은 숙명의 상징 —— 190

가죽 구두를 기다리며 —— 194

신종 전염병 —— 200

리모델링 —— 206

축제 유감 —— 211

알레르기 다스리기 —— 215

마네킹 —— 220

‖ 목차 ‖

제6부 내 안의 올빼미

226 —— 루비 76
233 —— 내 안의 올빼미
238 —— 백구야, 훨훨 날지 마라
243 —— 잘 익은 술처럼
248 —— 두꺼비
255 —— 망각의 늪
260 —— 우울증
264 —— 춤
268 —— 이제 산을 내려가야겠다

제1부

그 작은 손이 가르쳐준
혼魂, 창創, 통通

부서진 녹음기와 미소
손가락 끝, 그 눈빛
그 작은 손이 가르쳐준 혼魂, 창創, 통通
바람과 소리와 초분
미끼
목탁
홍시
히아신스 앞에서

부서진 녹음기와 미소

 막차라 그런지 전동차 안에 사람이 뜸하다. 반갑지 않은 늦여름 비를 맞고 허겁지겁 달려온 승객들이 안도감 탓에 맥이 풀린 듯 졸기까지 한다. 그나마 도란도란 정담을 나누는 한 쌍의 연인들이 있어 주위가 환해진다.
 대각선 맞은편쯤에 앉은 한 청년이 눈에 들어온다. 산뜻한 젊음의 향기가 끌어당겼을까, 괜스레 그 청년을 정면에서 볼 수 있는 곳으로 자리를 옮긴다. 청년은 검은색 코르크 마개 같은 이어폰을 귀에 꽂고 지그시 눈을 감고 있다. 장단에 맞춰 고개를 끄덕일 때마다 찰랑거리다 흐트러지곤 하는 검은 머리카락이 퍽 곱다.
 이슥한 밤, 막차를 타고도 저리 태평스럽게 음악을 즐기다니……. 호기심이 발동한다. 20대 초반으로 보이는 티 없이 맑은 얼굴이다. 그런데, 자세히 보니 낯익은 얼굴이 아닌가. 눈을 의심하며 다시금 바라본다. 내 시선을 느꼈는지 청년이 눈을 뜨자 낯익은 얼굴이 일순 사라진다. 무안하여 미소를 짓자 환한 얼굴로 화답한다. 그러자 청년의 모습 위로 아들의 얼굴이 다시 겹친다. 순간 녹음기의 재생 음이 확대되면서 내 귀를 때린다.

십 수 년도 더 지난 어느 날이었다. 그 당시 나는 아들의 교육문제에 대해서는 이중 잣대를 가지고 있었던 모양이다. 자율을 중시하였으나 다른 한편으론 무언의 압력을 주는 방법으로 교육을 했다.
　대리만족이라 했던가. 아들을 말 그대로 분신이라 생각했다. 녀석이 태어나자 항렬자 '연'과 일등을 바라는 의미인 '일'을 넣어 '연일'이라 이름을 지었다. 아들을 통한 내 꿈의 성취를 소망하면서 말이다. 아들이 고등학교에 진학하자 기대는 고무풍선처럼 부풀어 올랐다. 모의고사 성적이 올라가면 장미꽃으로 뒤덮인 세상을 날아다니는 환상 같은 기쁨을 맛보기도 했다.
　그런 아들 녀석에게 뜻밖의 일이 벌어졌다. 공부방을 기웃거려 보면, 수능이 코앞에 와 있는데도 곤히 잠을 자고 있었다. 어쩌다 잠을 자지 않을 때도 벽을 보며 졸고 있었다. 뿐만 아니라 일요일이나 휴일에는 두문불출하고 멍하니 시간을 보내는 것이었다. 흥분을 가라앉히며 아들에게 물었다.
"눈 감고 지금 무엇하고 있느냐?"
그 때마다 대답은 같았다. 명상을 한다고 했다. 거짓말인 것이 분명했지만 무어라 다그칠 수도 없었다. 대학 입시를 앞두고 있는 녀석을 꾸짖는다면 효과 없는 주사로 쇼크만 주는 꼴이니……. 그러나 가장 중요한 시기에 멍하니 벽을 향해 앉아 있는 아들을 바라볼 수밖에 없는 부모의 심정은 애간장이 탔다.
그날 밤은 바람이 심하게 불고 비가 내렸다. 오랫동안 아들의 공부방에선 인기척이 없었다. 들려오는 바람소리까지도 밤늦게 공부하는 아들이 고통으로 울부짖는 소리인 듯하여 잠자리에 들 수가 없었다. 위로의 말이라도 한 마디 해주고 자야겠다 싶어 뒤꿈치를 들고 살며시 다가가 조용히 방문을 열었다. 순간 나는 석고상처럼 굳어 다리를 움직일 수가 없었다. 내일이 수능일인데 어쩌면 저럴 수가 있을까. 녀석은 귀에 이어폰을 꽂고 눈을 지그시 감은 채 음악감상에 빠져있는 것이 아닌가. 심지어 음악에 맞춰 고개까지 끄덕이면서. 아들의 행위가 몹시 괘씸했다. 기대에 어긋난 정도가 아니라 배신감으로 피가 거꾸로 치솟는 것 같은 분노가 솟구쳤다. 용케 지금까지 참고 버텨

온 내 인내심은 간곳없어지고 기름에 불붙인 듯 순간적으로 화가 폭발했다.

우선 민첩하게 아들의 귀에 꽂혀있는 이어폰을 낚아채고 녹음기를 빼앗아 방바닥에 팽개쳤다. 그 와중에도 녹음기에선 계속 음악이 흘러나오고 있었다. 다시 집어 던졌다. 그래도 끄떡없이 더 큰소리로 노랠 불러댔다. 아들녀석에 대한 분노로 지펴진 화의 불길이, 내 권위에 먹칠을 하고 있는 녹음기로 인해 더욱 활활 타올랐다. 저 놈이 더 나쁜 놈이야……. 나는 기어이 그것을 따라가면서 발로 걷어차고 또 찼다. 그렇게 몇 번을 밟고 밟아도 소리는 죽지 않았다. 거듭 차고 밟고 짓이기고 나서야 소리의 명줄을 끊을 수 있었다. 그러고도 화가 가라앉지 않아 소리가 죽은 녹음기를 발뒤꿈치로 쾅쾅 밟아 산산조각을 내버렸다. 순식간에 일어난 일 앞에서 아들은 말을 잃고 눈물을 글썽거리며 서 있을 뿐이었다. 그런 아들을 무시하고 방을 나와 버렸다.

그 후로 고등학교 졸업 때까지 공부에 대한 이야기는 전혀 하지 않고 그 해를 보냈다.

몇 해 전 추석날 집안 식구들이 모여 식사를 할 때였다. 그 사이 아들은 결혼을 하여 아버지가 되었고 공학박사 학위를 취득하고 국내 유수기업에 취업도 했다.

"아버지, 세상에 태어나서 저에게 가장 기쁨을 준 것이 무엇이었는지 아세요?"

"글쎄?"

가볍게 반문하며 대답을 기다렸다. 아들 녀석은 까마득하게 잊고 살아온 '부서진 녹음기' 이야기를 하였다. 용돈을 아껴 마련한 녹음기로 아름다운 노래를 듣던 그때가 가장 행복하였으며, 아름다운 선율에 매료되었던 그 감동의 순간은 지금도 잊을 수가 없다고 했다. 심지어 조용한 시간에 듣는 음악 속에서 인생의 맛을 느꼈다고도 했다. 그날의 내 행동에 대해선 한 마디도 언급하지 않은 채.

눈을 감아버렸다. 음악을 듣던 아들의 모습이 어제 일처럼 생생하게 떠올랐다. 아, 그랬구나! 아들에게 음악은 감동이고 행복이었구나. 내가 경솔했구나……. 지난시절로 돌아갈 수 있다면 그렇게는 행동하지 않을 텐데, 아들의 입장을 그리도 헤아리지 못했다니……. 세대차이가 이런 것일까? 그 당시엔 자식에 대한 관심의 표출이므로 정당하다고 자부했다. 수험생이 음악을 통해 감동을 느끼거나 행복해 할 수 있다는 생각은 아예 해 본 적이 없었다.

그러나 아들의 말을 듣는 순간 모든 것이 달라졌다. 미안했다. 일방적이고도 옹졸했던 내 자신의 처사에 얼굴이 붉어졌다. 끓어지지 않는 음악소리와 맞대결한 내가 부끄러웠다. 이기기 위해, 소리의 명줄을 끊어놓기 위해, 발로 짓밟아 망가뜨린 아들의 행복, 그 기억 속 녹음기에서 신음 소리가 새어나왔다.

가만히 아들의 손을 잡았다. 따뜻했다. 삼 년간 용돈을 모아 마련한 녹음기, 날뛰는 감정을 다스리지 못하고 그것을 부숴버린 애비의 행동, 가슴의 상처……. 어떤 말로 변명을 할 수 있을까.

"아버지, 제 아이를 키우다가 만약 그때와 같은 상황에 놓이게 된다면 저도 아버지와 똑같은 행동을 할 거예요."

녀석이 애비의 마음을 읽은 모양인지 진지한 어조로 그렇게 말했다.

전동차가 반월당역에 닿자 이어폰 청년이 내린다. 어느샌가, 고등학교 교복을 단정히 입은 아들 녀석이 그 자리에 앉아 이어폰을 꽂은 채 음악에 취해 가고 있다. 언제 피어났을까, 행복한 미소가 녀석의 입가를 돌아 내게로 온다.

손가락 끝, 그 눈빛

눈은 마음과 동행하는가 보다.

복날만 되면 그 놈 눈빛이 떠오른다. 그 맑고 선한 눈망울, 그러나 원망과 증오, 광기까지 서렸던 그 눈빛…….
갑자기 마음의 평온이 깨어지고, 일렁거린다. 죽음을 직감하고 버티며 항거하던 생명……. 후회스럽다.

유월 염천의 칠성시장, 더위는 왁자지껄하던 상인들의 활기찬 소음까지도 축 늘어지게 만든다. 사우나탕 열기처럼 후끈한 기운에 숨이 막힌다. 드문드문 보이는 손님들의 이마에도 땀이 흘러내린다.

우리 일행은 보신탕용 개를 구입하기 위해 발길을 재촉

한다. 견공들의 생사가 갈리는 그곳, 음산한 기운이 감돈다. 김밥 도매상을 지나 좁은 골목길로 접어드니 갑자기 섬찟한 기운이 느껴진다. 사형 집행을 기다리고 있는 견공들의 눈빛에 더위도 주눅 들어 비켜설 것 같다.

우리가 들어서자 공포에 질려있던 견공들의 눈빛이 위협적으로 바뀐다. 평소 인간에게 귀여움을 차지하려던 마음은 사라진 지 오래고, 눈초리 끝엔 경계심만 가득하다. 불안으로 인해 한껏 날카로워진 놈들이 안쓰럽다. 자신의 목숨을 해코지하려는 상대에게 불안을 느끼는 건 모든 동물들이 가진 본능 아니겠는가.

그 와중에도 우리는 놈들의 몸뚱어리를 두고 저울질을 시작한다.

"몸보신에는 토종개가 좋은 기라."

"아니야, 검은색을 띤 놈이 더 맛있을 거야."

"저 누렁이는 어떨까?"

사람마다 식성이 다르듯 식성에 따른 견종(犬種) 선택도 제각각이다. 견공의 목숨을 먹을거리로 흥정하는 모습이 '동물의 왕국'에서 먹잇감을 선택하는 맹수의 본능과 다르지 않다. 시선은 먹이를 향해 정조준하고, 식탐으로 가득 찬 마음에는 보이지 않는 발톱이 날을 세운다.

자신의 건강을 위해 다른 생명을 희생시킬 수도, 즐길 수도 있다고 가볍게 생각한다. 왜냐하면 우리는 모든 동물들의 생살여탈권을 쥐고 군림하는 위대한 인간이니까. 견공을 비롯한 소, 돼지, 닭 등 모든 가축들은 사람을 위해 봉사하다가 생을 마치는 것이 그들의 사는 이유요, 임무라고 애써 우겨 본다. 하지만 그건 어디까지나 인간의 어리석고 이기적인 시각에서 봤을 때의 얘기다.
　식용으로 사육하는 개도 주인에 대한 정이 대단한 것만은 틀림없다. 그렇다하더라도 사육하는 수많은 가축은 사람들의 먹을거리로 사라져갈 수밖에 없으리라. 사람과 오랜 인연을 맺어온 우공(牛公)도 몸 바쳐서 장정머슴 몇 사람의 몫을 다하며 효도(?)를 하지만, 사람들의 먹을거리에서 예외일 순 없지 않은가. 온갖 생각들이 꼬리를 문다. 약육강식이 동물세계의 질서라 해도 마음 한구석에 차오르는 연민의 정은 어쩔 수 없이 마음을 찡하게 만든다.
　낯선 사람들에게서 오는 공포 때문일까. 슬금슬금 눈치를 보고 있던 놈들이 우리 일행의 대화를 엿듣기라도 하는 듯 보인다. 생명에 대한 위기의식을 깨달은 그들이 갑자기 좁은 공간에서 쉴 새 없이 뱅뱅 돌며 사납게 짖어댄다. 골목이 떠나갈 듯 한바탕 소란을 피운다.

　얼마간의 시간이 흘렀을까, 갑자기 동시에 울음을 멈춘다. 상가(喪家)에서 문상객을 맞던 상주가 손님을 보내고 잠시 곡소리를 멈추듯. 하지만 이내 또다시 허공을 향해 두려움을 토해낸다. 이번에는 더 긴 여운을 남긴다. 그들의 눈빛에 광기(狂氣)마저 돈다. 왠지 내 심장을 향한 듯한 그 눈빛······.

　생명을 지키려는 몸부림은 이리도 처절한 것일까. 눈썹에 흰 점이 찍힌 검둥이도, 털이 복슬복슬하고 순해 보이는 놈도 덩달아 대성통곡 대열에 끼어든다. 녀석들의 처절한 울음소리가 거센 불길처럼 타올라 내 가슴에까지 번진다.

　이윽고 일행 중 한 사람이 누렁이 한 마리를 가리킨다. 그의 손가락은 삶과 죽음을 가르는 힘을 가지고 있다. 사형집행 명령이나 다를 바 없다. '손가락 끝'의 의미를 알고 있는 것일까, 꼬리를 뒷다리 속으로 깊숙이 감춘 누렁이가 부들부들 떨기 시작한다. 맑고 착하게 생긴 눈을 가진 그가 방어 자세를 취해 보지만 억센 주인의 폭력 앞엔 무기력할 수밖에 없다. 질질 끌려가며 절규하는 누렁이의 눈에 눈물이 질퍽하게 고인다. 주인과의 짧았던 영욕의 세월을 접고 희비의 순간을 뒤로한 채 놈이 시야에서 점점 멀어진다. 곧 이 세상에서도 사라질 것이다.

저녁나절, 우리는 보신탕을 앞에 두고 둘러앉았다. 얼핏 누렁이의 눈이 보신탕 그릇에 어린다. 한순간 맑고 고운 눈이 보신탕 속에서 나를 빤히 올려다본다. 이내 두려움과 광기를 뿜던 눈으로, 끌려가면서 원망의 눈물을 흘리던 눈으로 변한다.

애써 외면하면서 놈의 몸뚱어리로 끓인 보신탕을 결국 다 먹어치웠다. 이율배반의 포식이다.

해마다 복날이 찾아오면 내가 먹은 누렁이와 함께 그 눈빛이 생각난다. 단지 '음식'일 뿐이라고 위안을 해보지만 칠성시장 그 죽음의 골목길과 누렁이를 가리키던 손가락 끝은, 다시는 마주치고 싶지 않은 두려움이고 죄스러움이다.

그 작은 손이 가르쳐준
혼魂, 창創, 통通

제목이 독특하다.

'혼(魂), 창(創), 통(通)'이라니. 이지훈은 '병원'이나 '시설'이 조직을 탁월하게 운영할 수 있는 원리로 이 세 요소를 꼽았다. 조직에 새로운 힘을 불러일으키기 위한 것이다.

공감 가는 말이다. 이는 조직에만 국한되는 것이 아닐 것 같다. 인간사회 어디에나 접목 가능한 요소가 아니겠는가.

S신부님은 혼, 창, 통을 신앙적으로 접근하고자, 하느님의 가르침을 '혼(魂)'으로 삼고 교리를 통해 비전을 알게 하여 확고한 신념으로 각인시키고자 했다. 그 비전을 구현하기 위해 구체적으로 어떤 일을 하는지는 '창(創)'으로

보아 신자에게 맡기며, 마지막으로는 사람 사이의 소통을 '통(通)'으로 꼽았다.

인간의 혼(魂)은 미래를 결정짓는 '바탕'이 되고, 창(創)은 그것을 이루기 위한 땀이 배어있는 '노력'이며, 통(通)은 이 모든 것들을 서로 통하게 하는 '소통'임에 틀림없다.

몇 년 전 미사시간이었다. 겨울의 막바지 몸부림이 얼마나 드세던지 성당 안은 몹시도 추웠다. 신부님의 강론이 이어졌다. 앞자리에 아기를 업은 젊은 엄마가 앉아있었다. 단발을 한 아기 엄마도 어린애 같았다. 등에서 잠들어 있던 아기가 뒤채느라 고개를 돌렸다. 보름달같이 환한 아기의 얼굴이 나타났다. 자는 모습이 평화롭다.

그날 이후 아기엄마는 이상하게도 일요일마다 내 앞 자리에 앉았고 나는 아기의 모습과 단발머리 엄마의 뒷모습만 보고 헤어지곤 했다. 그런데 언제부턴가 단발머리 엄마가 보이지 않았다.

그 후 많은 시간이 흘렀다.

유난히 꽃샘추위가 기승을 부리고 간 늦은 봄날이었다. 벚꽃이 떨어지고 연록의 나뭇잎이 바람에 나부끼고 있는 성당 입구에서 단발머리 엄마와 마주쳤다. 얼굴을 제대로 본 적은 없었지만 직감적으로 그 아기엄마임을 알 수 있었다. 그 사이 단발머리 엄마의 등은 비어 있었고 대신 손을 잡고 따라 걷는 어린애가 있었다. 놀라웠다. 기억 속에 있던 아이는 엄마의 등에 업힌 아기가 아니었던가. 그간의 세월을 어림해 보았다. 기껏해야 해가 한두 번 바뀌었을 뿐인데 마치 뻥튀기라도 한 것처럼 업혀 있던 아기가 걷고 있었다. 기가 막힌 세월의 조화다.

모녀는 여전히 내 앞자리에서 미사를 드린다. 아직 제 이름도 또렷하게 발음하지 못할 것 같은 어린애가 사뭇 엄숙한 표정을 지은 채 두 손을 모으고 있다. 아이의 모습이 무척이나 진지하다.

무엇 때문일까.

두 손 모아 기도하는 아이의 모습을 보면서 난데없이 그 아이의 마음상태를 생각해본다. 이지훈이 말한 '혼(魂)'이 떠오른다. 두 손을 모은다는 그 자체가 이미 마음을 바르게 가지려고 노력하는 모습이 아닐까. 경건한 마음의 징표이리라. 이것이 바로 '정신'이요 '혼(魂)'일 것 같다. 엄마 등에 업혀있던 때부터 기도하는 엄마의 모습을 봐 왔기 때문에 자연스럽게 따라하는 것이라 하더라도, 미사시간에 눈을 감고 공손하게 두 손을 모은다는 것은 엄마의 행위뿐만 아니라 거기에 깃든 혼(魂)까지도 그대로 스며든 것이 아니겠는가.

시종일관 두 손을 모으고 미사에 참여하는 아이가 나의 시선을 끝까지 잡고 있다. 누에가 자라 나방이 되어 날아다니는 것처럼 훌쩍 자라버린 아이의 모습이 신기할 뿐만 아니라 행동거지가 기특하기까지 하다.

성체를 모시기 위해 신부님 앞으로 가던 중 아이와 눈이 마주친다. 아이가 미소를 짓는다. 오랫동안 만나지 못한 사람을 만난 듯 반가운 표정으로 손까지 흔든다. 아이한테는 내가 초면의 아저씨일 텐데 저렇듯 마음의 문을 활짝 열고 있다. 미사 중에 손 흔드는 행위가 어디 있을 법이나 한 일인가. 그렇지만 고사리 같은 두 손으로 나에게 정겨운 신호를 보내는 것을 보는 순간 가슴이 뭉클해진다. 따뜻한 기운이 전해지며 흐뭇한 기분에 휩싸인다. 이게 바로 '통(通)'일 게다. 나와 아이 사이에 통(通)하는 감정, 말없는 소통이 시작된 것이다.

단발머리 엄마의 마음 바탕이나 양육 태도, 양육 방법 등을 짐작해 본다. 젖을 먹이면서도 끊임없이 아이와 눈을 맞추었을 것이고 이야기를 나누며 아름다운 심성이나 그것의 소중함, 따뜻함 등을 전하지 않았을까. 그리고 보니 엄마가 아기를 기르는 자체가 '창(創)'의 의미를 지닌 것 같다.

　엄마는 아이가 태아일 때부터 이미 소통을 시작하여 끊임없이 사랑을 주고받으며 아이가 귀한 존재임을 알려준다. 태어난 후엔 구체적으로 세상을 익힐 수 있게 도와주며, 세상 속으로 들어가는 방법을 가르치니 이게 바로 '창'이 아닌가. 이래서 삶에는 누가 더 큰 스승인지 따질 필요 없을 때가 종종 있는가 보다.

　이 아이가 나로 하여금 이지훈의 경영지침서를 재해석하게 만든다. 이지훈이 저서를 통해 나에게 혼, 창, 통에 관한 과제를 던져주었다면 아이는 과제 해결의 실마리를 제공해 준 셈이 된다.

　아이의 작은 두 손에 담긴 정성이 혼을 아우르고 마음을 가꾸게 한다. 그 아이를 통해 잊고 있었던 것에 대한 일깨움을 얻는다. 한바탕 소나기가 지나가고 난 후 불어오는 시원한 바람을 맞는 기분이다.

바람과 소리와 초분

    흰 물살 가르며 뱃길을 달려 다다른 곳 청산도, 푸른 산과 바다와 돌담 사이로 물결치는 청보리가 정겹다.

    슬로길 안내 표지판이 나타난다. 능선을 따라 걷는 길은 어느 쪽으로 봐도 바다다. 언덕배기의 유채꽃이 바람에 하늘거리고 멀리 하늘에 떠도는 몇 점 구름은 그대로 수채화다.

    걷다 지치면 버스를 이용하고, 그러다 걷고 싶으면 내려서 다시 걸을 수 있는 슬로길은 자유로워서 좋다.

    섬이 워낙 커서인지 마을에 들어서니 섬이라는 느낌이 들지 않는다. 그래도 가끔 거칠게 불어대는 바람은 분명 섬 바람이다.

산길로 접어드니 고만고만한 봉분들이 석등과 비석을 앞세우고 잔디이불을 덮고 있다. 들녘을 지나다 보니 이곳에서도 무덤이 보인다. 이 외지고 먼 섬의 장례문화도 육지와 별 다름이 없구나 생각하며 걷고 있는데 이상한 형태의 무덤과 마주친다. 초분(草墳)이라고 했다. 일종의 풀무덤이다. 관을 땅에 놓은 뒤에 짚이나 풀로 엮은 이엉을 덮어 두었다가 2-3년 후 뼈를 골라 땅에 묻는 무덤이다. 초분을 보니 이곳 사람들의 죽음에 대한 시각을 알 것도 같다. 어쩌면 죽음을, 우울하고 슬프고 무거운 것이 아니라 이승의 짐을 다 벗고 훌훌 떠나는 '홀가분함'쯤으로 여기는 것이리라.

초분은 집안에 병자나 우환이 생겼을 때, 상주가 떠나 있어 임종을 못한 경우에 행하는 풍습이라고 한다. 또는 초상난 때가 정월이면 새해 기운을 해친다 하여 그것을 피하기 위해 봉분 형식의 매장 대신 초분을 하기도 한다. 이 풍습이 지금까지도 행해지고 있다니 놀랍다.

초분은 나로 하여금 삶을 뒤돌아보게 한다. 죽음은 곧 육신의 옷을 벗는 과정이 아닌가. 사람은 태어나 사랑을 받고 성장하며 사회생활을 시작할 무렵 결혼의 과정을 겪는다. 그리하여 자식을 낳고 기르며 늙어가다 삶의 종착

역에 오면 모든 것을 벗어던져야 한다. 바람으로 육신이 사라지고 뼈만 남을 때까지……. 생존경쟁에 뒤떨어지지 않으려고 노력한 일, 탐욕에 허우적거린 일, 조금이라도 앞서 나가기 위해 갖은 수단을 부리던 일들을 모두 비워야 한다. 말없는 저 초분이, 죽음은 세상 모든 것을 놓는 일임을 일깨워 주고 있었다.

해안을 끼고 굽이굽이 이어진 슬로길을 걸으면서 다른 곳에서 맛볼 수 없는 청정지역의 매력에 자꾸만 빨려든다.

이윽고 서편제길이다. 어느 순간, 누나와 아버지를 찾아다니던 동호의 모습이 보이고 소릿재에서 주막 주인의 판소리를 듣는 모습도 나타난다. 대갓집에서 소리품을 팔던 유봉과 동호가 마주치기도 한다. 어미인 금산댁을 만나 자신의 양딸 송화와 함께 새 삶을 꾸리던 곳이 어쩌면 진짜 이곳이 아닐까 하는 생각이 꼬리를 문다.

소리품을 팔고 다닌 가련한 인생이 길 위에 그대로 깔려 있다. 동호에게 북을 가르치고 송화에게 소리를 가르치던 유봉의 고뇌가 어른거린다. 비록 소리품을 팔며 살았지만 그들의 소리는, 식생활의 해결 수단이 아니라 소리를 향한 들끓는 열정에 발목 잡힌 표효 같은 것이 아니었을까.

　소리꾼이 지나간 길을 내가 걷고 있다. 인생역정을 나타내는 구성진 소리가 바람이 되어 저만치 떨어져 있는 초분을 스친다. 그들도 이젠 모든 짐을 벗고 자유로운 소리꾼으로, 아니 소리 그 자체로 살고 있을 것이다. 한바탕 소나기 같은 삶, 그들의 소리가 귓가를 맴돌다 흩어진다. 그 끝에 또 초분이 있다.

　초분을 뒤로하고 주막으로 걸음을 옮긴다. 이곳의 토속음식인 단팥죽 국수에 곁들여 막걸리 한 사발을 들이켜는 순간, 세상의 부귀영화를 다 누리는 듯하다.

　갑자기 움켜 쥔 모든 것을 털어버리고 나도 이곳에서 수채화 속 바람이 되고 싶다.

미끼

　마음이 어지러운 날이면 낚시를 간다.
　물고기와 벌이는 숨 막히는 긴장의 순간을 즐기기 위함이다. 미세한 움직임도 놓치지 않기 위해 찌에 온 신경을 집중하노라면 어지럽던 마음도 어느새 차분히 가라앉는다. 다른 생명을 죽음으로 몰아가는 수심(獸心)이 내 마음속에 자리하고 있음에 스스로 놀라기도 하지만 잡아야만 뱃속이 편한 것을 어쩌랴.
　놈을 낚아챌 때 손으로 전해오는 짜릿하고도 황홀한 손맛이, 발기한 남성을 손에 잡았을 때의 그 자신감에 찬 기쁨과 같은 것이라고 표현한 친구의 말이 생각난다. 어찌되었든 세상에 이보다 더 큰 즐거움이 있을까. 물고기

입질 횟수가 잦을수록 긴장감이 심장까지 멎게 하며 몰아의 경지로 이끈다. 낚싯대를 걸어두고 숨어서 기다리는 그들과의 만남, 이것은 미끼를 이용한 도박이다.

드디어 걸려든 놈, '내가 너를 얼마나 기다렸는지 아느냐. 오냐, 미끼를 꿀꺽 삼켜 보아라.' 어느덧 나는 동화 속의 마녀가 된다. 세상에서 미끼를 사이에 두고 흥정하지 않는 것이 어디 있는가. 온통 서로가 미끼를 물고 물린 채 속고 속이면서 살아가는 거지.

반고개 근처에 '나그네'라는 술집이 있었다. 간판이 말해주듯 나그네 술꾼들의 애환이 깃든 곳이며 나의 위안처였다. 그 위안처에 그녀가 있었다. 그녀를 만나면 납덩이같이 무겁던 마음도 샤베트처럼 사르르 녹는다. 영원할 것 같던 내 순진성도 흐릿해지고 평상심도 곤두박질친다. 자주 드나들다 보니 가랑비에 옷 젖듯 정이 드는가 보다. 다른 손님 좌석에 있다가도 나를 보면 살포시 웃는다. 나에게로 향한 마음은 있지만 곁에 갈 수는 없다는 독백의 미소는 안개꽃처럼 아름답고 모호했다. 눈으로 먼저 웃고 얼굴을 여는 은은한 꽃, 나에게로만 향해 있는, 알 듯 모를 듯 피었다 사라지는 미소가 그저 좋았다.

내가 물고기를 낚듯이 그녀는 내 마음을 건져 올리는

태공이었다. 마주앉아 술잔을 나누는 만큼 내 호주머니는 가벼워졌다. 미끼를 무는 순간 고통을 당하는 물고기와 다를 바 없는 것 같았다. 장맛비가 추적추적 내리는 밤이면 나는 한 마리 외로운 물고기가 되어 그곳을 찾았다. 그리고는 위험한 입질을 해댔다. 그러고 보니 내가 물고기의 습성을 닮은 듯도 했다.

　미끼는 상대방을 유혹할 수 있도록 위장을 해야 한다. 살아있는 지렁이나 새우를 두들겨 죽여 그 냄새를 물속으로 퍼지게 한 후 미끼의 뱃속에 낚시 바늘을 숨겨놓아, 마치 살아 움직이는 것 같이 보이도록 하거나, 밑밥을 뿌리고 물고기를 유인하는 것은 모두가 물고기를 유혹하기 위한 미끼의 변용이다. 그러한 위장술은 그녀에게서도 볼 수 있었다. 일단 향수라는 미끼로 정신을 혼미하게 만든 후 아슬아슬하게 올라간 치마로 욕정을 느끼게 하고, 과감하게 가슴을 노출하여 그리움이 일렁거리도록 만들었다. 이러한 미끼를 감추고 푸른 물에 찌를 띄우듯 내 마음에 두둥실 찌를 띄웠다. 그러면 물고기처럼 미끼 주변을 서성거리기도 하지만 나도 낚시꾼 아닌가. 그녀를 잡기 위해 나도 미끼를 이용해야 했다. 내 미끼는 술값이었다. 이것이야말로 그녀의 마음을 사로잡을 수 있는 가장 확실한 힘이었다.

　그런데 내가 그 미끼로 건져 올리려는 것이 무엇이었을까. 늘 어깨를 짓누르고 있는 일상의 고달픔을 여인의 따뜻한 미소 안에 잠재우고 싶은 생활인의 욕망 정도가 아니었을까. 어쩌면 오색 무지개를 향한 아담의 꿈, 모자라는 한쪽 갈비뼈를 마저 채워 가슴 가득한 포만을 느껴 보려는 수컷의 잠재의식이었을지도 모른다. 아무튼 그 시절, 서로의 손을 뻗어 미끼를 주고받으며 공생(?)의 길을 걸어온 우리는 미끼를 앞에 놓고 흥정하는 낚시꾼의 모습과 다를 바 없었다. 세월이 지나도 흥정은 흥정일 뿐.

　세상은 온통 미끼의 덧칠이다. 심연의 물속에서 후각으로 먹이를 찾는 물고기처럼 세상 사람들은 욕망을 쫓아 불철주야 뛴다. 눈앞에 가늠할 수 없는 위험이 있는 것을 알면서도 유혹을 뿌리치지 못한다. 십 년 되돌리는 건 일도 아니고, 누구나 살짝살짝 손만 좀 대면 연예인 뺨치게 예쁘고 멋있게 변할 수 있다는 성형 미끼는 사방에 널렸고, 자녀에게 효를 강요하기 위해 돈을 미끼삼는 부모도 세상에 깔려있다.

　요즘은 사뭇 정이 그리워진다. 누구나 여행객일 수밖에

없는 인생, 정을 미끼로 사람을 낚고 싶은 생각이 불현듯 일어난다. 세월이 지나도 시들지 않는 정, 그것을 떡밥처럼 뭉쳐 정에 주린 사람들에게 뭉텅뭉텅 떼 던져주는 것, 생각해 보니 괜찮을 것 같다. 정이 미끼로 던져져 친구를 얻는 날에는 사노라 힘들고 외로웠던 기억조차도 물러가고, 어려운 항해 끝에 만선의 꿈을 이뤄 항구에 돌아오는 기쁨을 나누게 되리라. 사람 냄새 물씬 나는 이웃이 되리라.

아직 밤참 시간이 되지 않았는지 물고기가 입질을 하지 않는다. 구름을 벗어난 달빛이 수면으로 내려와 부서진다. 밤 깊어 자정이 넘도록, 아직 물고기 한 마리 잡지 못했지만 왠지 기분은 좋다. 빈 낚싯대에 손님이 올 리는 없다. 손은 꿈틀거리는 지렁이와 껍질 벗긴 새우를 다시 바늘에 꿰지만 마음은 상념의 바다에 던질 떡밥을 주무르고 있다.

목탁

산속에 포근히 안겨있는 절집이 평화로워 보인다.

새와 나무들의 속삭임도 사라지고 바람조차 잠들어 적막감이 감돈다. 하지만 눈에 보이는 겉모습과 다르게 그곳에서 정중동을 읽는다. 스님들의 수행과 불자들의 신앙생활이 함께 하는 현장이기 때문이다. 불보살의 가피가 중생들의 발원 위에 머무는 곳, 범종과 목어, 죽비, 목탁 등 법구와 음식 준비에 이르기까지 부처님의 가르침과 참생명이 살아 숨 쉬고 있다.

정적을 가르고 목탁소리가 들린다. 무의식 속에 잠들어 있던 신비로운 기운이 기지개를 켠다. 자지러지게 두드리다가 멈추는 짧은 순간 숨이 멎는 긴장감까지 감돈다. 속세에서 방황하고 있는 찌든 마음을 씻어서 새로이 깨어나게 하려는 듯하다. 딱, 딱, 딱 따악, 따가르르 딱, 운율에 맞춰 이어진다. 나직한 음성으로 읊조리는 독경과 염불 사이로 장단을 맞추는 목탁 소리가 마음을 울린다. 자장가를 불러주는 엄마의 목소리가 염불소리라면 목탁소리는 심성의 밭을 일구는 소리인 듯하다. 바른 삶과 자비로 사후를 잘 준비하라는 경구로 들린다. 생의 모퉁이에서 이따금 듣게 되는 그 소리는 어려움을 가진 숱한 목마른 사람들에게 꼭 필요한 감로수와 같다.

어리석음을 깨우친다는 뜻을 가진 목탁은 불교 의식을 행할 때 두드리는데, 주로 예불이나 독경 또는 염불을 하거나 공양 시간을 알릴 때에 쓰인다고 알고 있다. 하지만 나에게는 마음을 일깨우는 소리로 인식되어 정신세계를 맑은 곳으로 인도하는 듯하다.

부산 가는 길에 우연히 양산 통도사에 들렀다. 아름드리 소나무가 늘어선 솔밭을 지나 일주문, 천왕문, 불이문을 통과하면 금강계단 불사리탑이 있다.

대웅전엔 많은 사람들이 일제히 예불을 드리고 있었다. 그곳에서는 중생을 내려다보는 부처님의 모습은 찾을 수 없다. 정골 사리가 모셔진 사리탑이 바로 뒤에 있기 때문이다. 사리탑을 향해 업장소멸과 함께 소망을 비는 모습이 사뭇 진지하다. 사람마다 구구한 사연이 어디 한두 가지랴. 어찌나 간절하고 진지하게 보이는지 절을 하며 합장하는 모습을 대하니 부처님도 틀림없이 소원을 들어 주실 것 같다. 종교는 다르지만 나도 잠시 우리 모두의 복을 빈다. 무질서하게 이어지는 예불소리 가운데서도 목탁소리가 유난히 크게 들린다. 그 소리가 부처님 앞에 엎드린 신도들의 소망을 이끌고 있다.

대웅전에서 나와 불사리탑으로 갔다. 많은 사람들이 줄지어 탑돌이를 하고 있었다. 탑은 낮은 두 겹 울타리로 이루어져 있었는데, 그 중심부에 받침이 있는 둥근 반석 모양의 투구와 같은 큰 돌이 버팀목 역할을 하고 있었다. 그 위에 작은 돌을 쌓아 만든 탑, 그 속에 부처님의 신골(身骨)사리가 봉안되어 있다고 한다. 모든 사람들은 신골사리를 향해 소원을 빌고 있었다.

이국만리 먼 곳에 모셔진 부처님의 사리가 신비롭다. 수천 년 전에 태어난 성인에 대한 경건한 마음이 들어 두 손 모아 소망을 기원한다. 딱, 딱, 따르르, 목탁소리가 경내에 울려 퍼진다. 독경소리도 어우러진다. '본 마음과 참 나'를 생각하게 한다. 〈금강경오가해〉에 관한 다섯 스님의 주석을 모은 야부 스님의 게송이 기억난다.

    대나무 그림자 섬돌을 쓸어도
    티끌 하나 일지 않고,
    달빛이 연못을 꿰뚫어도
    물에는 흔적 하나 남지 않네.

나를 에워싼 유혹의 손길이 고통을 줄지라도 조금도 흔들림 없는 마음으로 세상을 살아가라는 말이다.

목탁소리는 생활에 청량감을 더해주는 소리임에 틀림이 없다. 또한 정신세계를 일깨우는 청정의 소리이기도 하다. 그러나 이러한 목탁을 속세의 이익을 위해 두드리는 사람도 있다. 그들은 '사회의 목탁'임을 자처한다. 대중의 마음을 잡아보겠다는 의미다. 신문지상을 물들이고 있는 정치가, 종교인, 학자 등 모두 한결같이 자신의 목탁을 두드리고 있다. 사회와 민족을 위해 일하겠다는 것을 탓할 수는 없는 일이다. 오히려 손뼉치고 환영할 일이다. 그러나 순수성을 잃고 탐욕을 위해 두드리는 목탁은 흉기로 변해 우리를 향해 휘두르지 않을까 적잖이 염려되는 시대에 살고 있다.

이와는 다른 경우지만 몇몇 사찰에서 나오는 목탁소리도 이와 비슷한 거부감을 갖게 한다. 반복 재생되어 나오는 녹음된 목탁소리가 바로 그것이다. 녹음기에서 나오는 소리가 하루 종일 경내를 울리고 있는 것을 보면 씁쓸한 마음이 인다. 불자를 끌기 위한 노력인지 모르지만 마음을 여는 청정소리는 아니다. 목탁 두드리는 의미를 잃어버린 것 같아 안타깝기만 하다. 그 소리에 깃들어 있는 부처님의 혼이나 스님들의 수행 의지에서 진정성을 찾을 수 없다는 아쉬움 때문이다. 인간의 심성에 아름다운 수를 놓는 스님의 육성과 녹음기에서 흘러나오는 소리가 어찌 같을 수 있겠는가.

그런 생각 탓인지 마음이 어지러울 때면 예불을 드리며 두드리는, 끊어질 듯 이어지는 정성어린 목탁소리가 그리워진다.

(2008.7.7 대구일보)

홍시

　홍시가 늦가을 찬바람을 맞고 있다.
　상자에 차곡차곡 쟁여 넣는 아낙네의 손길이 조심스럽다. 만지기만해도 터질 것 같은 홍시가 지나가는 눈길까지 사로잡는다. 달콤하고 빛깔 고운 홍시, 그 연한 피부에 흠집을 내지 않으려는 농심(農心)이 아름답게 느껴진다. 부족한 일조량에도 정성을 다해 키운 사람들의 노력이 놀랍다. 저잣거리는 물론 뒷골목 가게마다, 정성스러운 농심을 증명이라도 해보이듯 홍시가 지천으로 깔려 있다.
　땡감을 따뜻한 소금물에 적셔 온돌방 아랫목에서 이틀 정도 숙성시켜 단감을 만들어 먹던 옛날 기억이 새롭다. 풋감도 억지로 익히면 단맛을 낸다. 그래도 입안에서 사르르 녹아내리는 홍시와는 비교가 안 된다. 떫은 땡감일 적엔 여름철 무더위와 비바람을 견디느라 가슴앓이를 하지만 가을 햇살을 품으면서 속살이 익어 단물 흐르는 홍시로 변신한다.

사람도 다를 바가 없는 것 같다. 목욕탕에서 본 노인에게서 젊은 시절의 탄력을 찾을 순 없다. 정력의 표상은 사라지고 얇고 주름진 피부만 남았다. 무서리가 내리면 터지고 뭉개질 홍시의 모습이 아닌가. 그렇게 시행착오로 거듭된 삶을 사는 동안 지난날의 시련과 고통을 고아 단물 얻는 지혜를 터득하기도 하고, 타인들과 조화를 이루는 인간미도 풍길 줄 알게 된다. 그러니 홍시의 삶과 무엇이 다르랴.

'홍시'라는 대중가요가 있다.

가만히 노래를 불러본다. 회초리 대신 젖가슴을 내어준 사랑이다. 자식들이 사랑 때문에 고통당하는 것을 걱정하는 어미의 마음이 물렁한 홍시마냥 정겹게 담겨 있어 새삼 가슴에 와 닿는다.

(KBS 일요수필)

히아신스 앞에서

　봄을 시샘하는 꽃샘추위가 이어지고 있는 요즘입니다. 먼 곳에 눈이 내린다는 소문과 황사바람 소식이 매스컴을 타고 들려옵니다. 그래도 어김없이 훈기를 앞세우고 봄이 찾아오는가 봅니다.
　손바닥보다 작은 화분의 흙을 밀치고 나온 히아신스가 연둣빛 잎을 틔우는가 싶더니 이젠 꽃대를 올립니다. 마침내 꽃잎이 터지고 꽃이 활짝 벙글더니 향기까지 뿜어냅니다. 이렇게 아름다운 향기가 어디에 숨어있다 나오는 것일까요. 좁은 공간 가득 메우는 그 향이 정겨워서 얼굴을 가까이 가져가 봅니다. 흐드러진 향이 일시에 몸과 마음을 녹입니다. 어린 시절에 맡았던 엄마 냄새 같기도 하고 시집간 누나의 분내음 같기도 합니다. 황홀경에 빠져 사람이 향기를 피우는 세상도 생각해 봅니다.

　정신지체 딸을 위해서 '그림책의 시인'이 된 '아누크'도 향기를 피우는 사람이겠지요. 그의 책 중 '네모와 동그라미'를 다시 떠올려 봅니다. 네모가 동그란 문으로 들어가야 하는데 모서리 때문에 들어갈 수 없어, 동그라미가 자신의 둥근 몸에 상처를 내어 네모를 들어오게 합니다. 몸이 찢어지고 아파도 네모와 동그라미는 가족이고 친구이기에 희생을 한 것입니다. 사랑이지요. 자기의 둥근 몸에 상처를 내는 마음은 눈물이 날 만큼 아름답고 고귀한 사랑의 실천입니다. 자기 자신의 이익과 불편을 최소화하기 위해 애쓰는 인간들의 얄팍한 정과는 대조적입니다. 자기 희생 없이는 남을 도울 수 없다는 평범한 진리도 담겨 있습니다. 이 역시 진한 향을 풍겨 우리의 마음을 기쁘게 합니다. 다른 사람을 위해 배려하고 봉사하는 마음이 꽃의 향기나 뭐가 다르겠습니까.

　사회의 꽃이 되어 향기를 뿜기 위해서는 사랑어린 따뜻한 마음이 바탕에 깔려 있어야겠지요.

　사랑은 사랑을 부릅니다. 사랑은 상대방의 가슴을 훈훈하게 데워주기도 하고 다른 사람의 마음에 자신을 보내기도, 상대를 불러 오기도 합니다. 막힘이 아닌 소통이지요.

꽃의 향기가 바람에 실려 오면 누구나 기분 좋아합니다. 누군가를 위한 봉사의 마음 또한 고귀한 향기가 나서 사람들을 기쁘게 합니다. 사랑을 실천하는 마음은 꽃보다 더 아름답습니다. 주변을 둘러보면 진한 사랑의 향을 뿜는 사람이 어디 하나둘이겠습니까.

꽃이 다양한 향을 가졌듯이 인간의 사랑에도 여러 가지 향이 있습니다. 신체의 일부분을 내주어 누군가에게 새 삶을 찾게 해 주는 일, 어려운 이웃을 위해 평생 모은 재산을 기꺼이 내놓는 일, 다른 사람을 위하여 수고로움을 마다 않고 봉사하는 일, 버려진 동물을 보호하고 돌보는 일 등 수없는 다양한 향기가 있습니다. 그러고 보니 향기는 끈과도 같군요. 하나로 이어주어 행복이 물처럼 흐르게 하니까요. 히아신스 앞에서 사람의 향기, 세상의 향기를 생각하는 지금 이 순간 내 마음이 어디론가 흐르고 있는 것처럼.

제2부

신이 머무는 곳

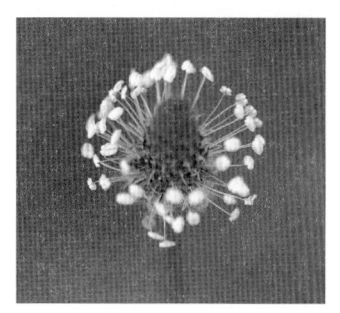

등줄굴노래기의 노래
아름다운 도전
신이 머무는 곳
더듬이와 지팡이
마음의 벽
자장면
식탐
지금 나는 행복한가
보는 눈, 느끼는 눈

등줄굴노래기의 노래

　칠흑처럼 어두운 굴속, 똑똑 떨어지는 물소리만 적막을 깬다. 물이 아닌 다른 것이 있는 듯 설명할 수 없는 존재감이 느껴진다. 무엇일까. 무엇이 숨어있는 걸까. 한 걸음 한 걸음이 조심스럽다. 어둠에 눈이 익자 진흙으로 빚은 작은 조형물인 듯 움직이지 않는 물체가 보인다.
　등줄굴노래기다.
　그와의 첫 만남은 이렇게 고생대 5억3천만 년 전의 신비가 고스란히 숨어있는 대금굴에서였다.
　등줄굴노래기, 그는 어떤 신비한 경관도 볼 수가 없다. 일생을 어둠속에서 생활하는 그는 어쩌면 애초부터 눈이 없었는지도 모른다. 아니, 퇴화되었을 수도 있겠다. 그렇다면 도대체 이 캄캄한 곳에서 어떻게 생을 유지해 나갈

까. 어디서 왔으며 언제부터 이곳에 머물고 있는 것일까. 아름다운 종유석 위가 그의 자리인 듯 그는 정물로 엎드려 있다. 아직 수 억 겁의 세월을 더 기다릴 자세다. 다른 생물은 없어 보인다. 희끄무레한 몸 색깔에 크기는 손톱만큼 작다. 바깥세상의 저 빛나는 햇살이나 하늘과는 아예 무관한 듯 움직이지 않는다. 다만 각종 종유석들이 창이나 병기 모양으로 솟아나 주위를 지키고 있을 뿐이다. 어떤 것들은 고드름이나 엿가락 형으로 천장에 매달려 있어 신비감을 더해 준다. 마술 세계의 만물상 광장을 옮겨다 놓은 듯 천지연이나 비룡폭포의 모습이다.

　영국의 모 잡지사에서 '세상에서 가장 행복한 사람'을 조사한 적이 있다. 그런데 그 내용이 충격적이다. 가장 행복한 이들은 돈이나 명예를 가진 사람이 아니었다. 이들의 공통된 점은 눈을 통해 행복을 느낀다는 것이다. 눈으로 즐기는 일들, 바닷가에서 모래성을 쌓으며 놀고 있는 어린아이의 눈이 첫머리를 장식했고, 다음은 애기를 목욕시킨 후 젖을 빠는 아기를 바라보는 어머니의 눈빛이 그 뒤를 이었다. 혼신의 힘을 기울여 작업 중인 예술가의 눈은 그 다음 순서였다.

　그렇다면 행복은 눈으로 사물을 보고 그에 대한 느낌을

가질 때만 느낄 수 있는 것일까. 어둠 속에서 한평생을 보내는 사람은 행복한 삶을 영위할 수 없는 걸까. 여러 상념들이 꼬리를 문다. 어두운 굴속에서 만난 등줄굴노래기의 모습 위로 겹쳐지는 한 얼굴, 항상 미소를 잃지 않던 황갈색 안경의 H선생님의 미소가 떠오른다.

그는 선천적인 맹인은 아니었다. 초등학교 취학 전 한국전쟁 때 미군이 버린 수류탄을 가지고 놀다가 터지는 바람에 눈과 팔을 잃었다. 좌절로 여러 해를 보내고 있던 어느 날, 문득 소리에 민감한 자신을 발견했다. 잃어버린 눈에 대한 보상일까. 놀랍도록 청력이 예민했다. 특히 아름다운 소리에 대한 욕구가 강했는데, 마침내 노래를 통해 터져 나왔다. 자연히 음악의 즐거움에 빠져들었다. 음악은 그에게 삶의 의욕을 북돋우고 용기를 주었으며, 음악을 통해 즐거움을 만끽하도록 허락했다. 그는 하느님의 배려에 감사하기조차 했으며 음악을 생명처럼 소중히 여기고 다루었다. 잠자는 시간을 빼고는 거의 모든 시간을 악기와 함께했으며, 노래를 불렀고, 음악 공부를 했다. 왼손만으로도 피아노를 칠 수 있도록 연습했다. '이대로 쓰러질 수 없다'는 절박감이 그를 더욱 강하게 만들었는지도 모른다. 그는 책을 읽기 위해 점자도 배웠다.

지문이 닳고 피멍울이 맺히도록 수백, 수천 번의 시도를 하고 이룩한 점자의 정복……

그의 노래는 기성 음악가와 다르다. 한 손으로 피아노를 치며 노래 부를 때의 표정은 진지하기 이를 데 없다. 보고 싶은 것을 볼 수 없는 안타까움이 노래로 발산되는 것을 보노라면 땅속에서 이글거리며 기다리던 마그마가 힘차게 솟구쳐 불기둥을 쏘아 올리는 화산의 모습과 흡사하다. 얼굴은 신비스런 광채로 빛났다. 노래가 아름다운 선율과 조화를 이루어 울려 퍼지면 청중들은 감동에 전율한다. 하소연으로, 때로는 절규로 파고들다가 마침내 신에 대한 경배로 귀착되는 것이다. 그에게 보내는 청중들의 환호와 박수는 그의 희망과 결실에 대한 최선의 경의다. 그리고 그것은 스스로에게 기도로 돌아오기도 한다. 그의 음악은 영혼의 소리로 들리기 때문이다.

음악에 대한 전력투구는 마침내 그를 맹인학교 음악교사가 되게 했다. 장애인 학생들과 고락을 함께하며 그들의 마음을 위로하게 된 것은 어쩌면 당연한 결과인지도 모른다.

보이지 않는 눈으로 흰 지팡이를 두드리며 길을 찾아나
가곤 하던 그의 등 뒤로 등줄굴노래기가 길게 따라간다.
오랜 세월, 장애 학생들과 함께 음악을 하며 보내던 그가
마침내 전국 장애자예술단 단장이 되어 소리와 춤으로 어
려운 사람을 도와주고 있다. 비록 자신이 장애를 가지고
있긴 하지만 교회나 교도소, 독거노인 등을 찾아다니며
사랑과 정성을 나누게 된 것이다.
　세상이 잠을 자거나 깨어 있거나 그가 볼 수 없기는 마
찬가지다. 하지만 그는 비장애인보다 더 많은 것을 본다.
그는 머리와 귀로, 열린 심안으로 더 큰 걸 그린다. 두뇌
의 상상능력은 무한대가 아닌가. 오늘날 그가 꿈으로 가
꾸어 온 숱한 일들이 열정적으로 실현되고 있는 현실을
봐도 그렇다.

　움직임을 보여주지 않던 등줄굴노래기, 굴을 빠져 나오
는데 갑자기 H선생님의 안부가 궁금해진다. 생각난 김에
휴대폰을 찾았다. 환청일까, 굴 안에서 전화벨 소리가 나
는 듯해 하마터면 전화기를 떨어뜨릴 뻔했다.

아름다운 도전

　예고 없이 한 중년 여인이 꽃을 들고 찾아왔다.
　의외의 해후였다. 손을 꼽아 보니 강산이 세 번 이상 바뀐 세월이 아닌가.
　스승의 날이었다. 그녀는 초등학생이 아닌 어엿한 중년 여인으로 변해 있었다. 눈가에 잔주름이 엿보이는 40대 주부가 되어 나타난 그 모습에 넋을 잃었다. 사람을 변화시키는 세월의 위력이 실감났다.
　지난날의 추억을 되씹으면서 얘기를 나누자니, 풋풋한 젊음 하나만 가지고 시골 교사 생활을 하던 때가 떠올랐다.
　온통 감나무 숲으로 우거진 평화로운 동네, 그 안에 학교가 있었다. 워낙 감나무가 많은 동네다 보니 '감나무학교'라는 말도 나돌았다. 운동장의 가장자리를 따라 느티나무, 그네, 측백나무, 기상대, 탱자나무 울타리까지도 정겹던 모습을 드러내며 달려온다.

조그마한 시골 학교였던지라 M양을 2년이나 담임했다. 수줍음이 많고 영리했으나 말이 없던 학생이었다. 난 지체장애아인 그녀를 수학여행에 데려 가고 싶었다. 하지만 몸이 불편한 것을 빌미 삼아 가정에서 허락하지 않았다. 이번 기회를 놓치면 한 번도 여행을 할 수 없을 것 아니냐는 이유를 앞세워 가족을 설득, 마침내 뜻을 이루게 되었다.

그녀와 수학여행을 함께 걸어서 다닌다는 것은 쉬운 일만은 아니었다. 계단이나 오르막길을 오르거나 장애물이 있는 길에서는 혼자 걸을 수 없었다. 그럴 때는 어김없이 내 등을 내주었다. 그녀를 업고 다닌 수학여행 기간 내내 제자 이전에 딸과 아버지의 느낌을 가졌다.

그런 추억 속의 M양이 중년 부인이 되어 지금 나와 마주앉아 옛 이야기를 나누고 있다. 곁에서 보니 얼굴엔 아직도 어릴 때의 귀여운 흔적이 남아있다. 건강이 좋아 보이긴 하지만 여전히 지팡이에 의지하고 있다. 모처럼 식사를 함께 했다. 그녀는 식사하는 동안 내내 한 손으로 지폐 몇 장을 구겨 쥐고 있었다. 그 손을 본 순간 안쓰러움과 함께 가슴이 뭉클했다. 선생님에 대한 감사하는 마음이 꼭 쥔 손 안의 지폐를 통해 고스란히 드러났기 때문이다.

그녀와 헤어진 지 두 해가 지났다. 어느 날 느닷없이 그녀로부터 전화가 왔다. 전국 장애인 수기 공모에 응모하여 최우수상을 받았으며, 지하철 에피소드 공모전에서도 우수상을 받았다는 소식을 나에게 먼저 전한다는 것이었다.

학력이이라곤 초등학교 졸업이 전부인 그녀가 아닌가. 문학에 대한 열정이 때로는 기적을 몰고 오는 것 같다. 그보다 그녀의 노력이 결실을 맺었다는 말이 옳을 듯 싶다. 힘든 일을 해냈다. 생활고와 온갖 어려움 속에서도 용케 버티며 문학에 대한 꿈을 착실히 키워 온 모양이다.

그녀의 글에서 '장애인으로서의 생활이 얼마나 서럽고 고달픈지' 알 수 있었다. 마음껏 달리고 싶어 하는 심정을 진솔하게 표현한 글이 가슴을 울렸다.

(상략) 녹슨 듯 짙은 밤색이었던 레일은 육중한 바퀴와의 수많은 마찰로 아픔을 도려낸 후 은색이 되어 있었다. 그 은색 레일은 운동회 날 트랙을 따라 그어놓은 하얀 선 같았고, 나는 그 선을 따라 나의 두 발로 힘껏 달리는 듯한 착각에 빠졌다. 운동회 날이면 항상 먼발치에서 구경만 했었는데, 나는 지금 계주 선수가 되어 달리는 것이고, 곧 손목에 1등 도장을 받고 기뻐할 것도 같았다, 언제나 더딘 걸음으로 천천히 걸어야만 했던 내 속이 후련해지기도 했다. 또한, 짓누르는 고통을 잘 이겨내는 레일은 어두운 터널 같은 삶을 잘 견뎌 온 내 인생을 반증해 주는 것도 같았다. (하략)

　육체적인 고통을 철로의 레일에 비유하여 지나온 삶을 조명한 그녀의 글에는 한 번도 마음껏 달려보지 못한 아쉬움이 녹아있었다. 어린 시절, 친구들과 운동장에서 얼마나 뛰어 놀고 싶었을까. 운동장의 라인을 따라 달리고 있는 그녀를 상상해 본다.
　지금의 그녀는 은색 레일을 따라 생활 전선을 달리고 있다. 어두운 터널을 빠져나오기 위해 몸부림치며 고통을 잘 견디고 있는 그녀에게 문학이 한 가닥 희망의 빛을 비추었다고 한다. 오랜 세월, 남몰래 가슴에 품고 키워온 문학에 대한 그녀의 꿈이 영글어 갔으면 하는 소망을 가져 본다. 평소 고운 마음을 지닌 그녀가 아닌가. 그 아름다운 심성에서 펑펑 솟아나오는 좋은 글을 쓰길 희망한다.

광풍제월(光風霽月)이란 말이 실감난다. 궂은비가 멈추고 날이 갠 후 시원한 바람과 밝은 달을 보는 듯한 상쾌한 느낌을 가진다. 그녀의 문학에 대한 아름다운 도전에 찬사를 보내며 그 꿈이 이루어지길 빌어본다.

(2010년 10·11월호 대구문학)

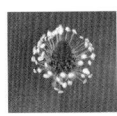

신이 머무는 곳
- 손으로 부르는 노래

　말을 못 하는 사람은 사랑의 색깔을 어떻게 표현할까.
　역지사지(易地思之)란 말처럼 장애인의 입장에 서보지 않고는 알 수 없는 일이다. 프리즘을 통과한 빛이 수많은 색으로 아름답게 퍼지듯, 그들의 사랑 또한 다양하고 영롱한 색깔로 아름답게 빛날 것이라는 막연한 생각만 할 뿐이다.
　수화로 하는 합창이 있는 날이다. 소리를 놓쳐버린 학생들이 율동을 곁들여 몸으로 노래를 부른다. 노래의 주제가 '사랑'이다. 청각장애 고등학생인 그들이 한복을 차려입고 무대에 선 모습을 보니 낯설어 더욱 곱다. 갓 피어난 꽃봉오리들이 이슬을 머금고 벙글기를 기다리는 것 같다. 말을 잃어버리고 살아온 학생들이라 오늘의 수화 노래가 짐짓 염려스럽기도 하다. 관객들에게 허우적거리는 동작으로만 비칠 수도 있기 때문이다.

화려한 조명이 들어오고 공연이 시작된다. 배경 음악에 맞춰 하얀 두 손이 허공을 가르다가 왼손 주먹 위를 오른편 손바닥이 부드럽게 쓰다듬는다. 사랑의 표현이다. 성한 사람이 간단히 할 수 있는 말을 손으로 그리자니 보는 이나 전달하려는 이나 답답하기는 매일반이다. 그러나 시간이 지날수록 천사가 하늘을 나는 모습으로 변해간다. 꽃 속에 든 나비의 날개짓 같기도 하다. 노래가 이어질수록 그들의 입가에는 미소가 번지고 얼굴은 무의식의 세계를 거닐며 꿈을 꾼다. 사랑이 퍼지는 모양은 당연히 저래야 한다는 생각이 든다.

'사랑은 언제나 오래 참고…….'

'오래 참아야 하는 사랑'은 어떻게 표현될까. 두 손의 엄지와 검지를 세워 흔들다가 한쪽 손을 멀리 벌린다. 왼쪽 손바닥으로 가슴에서 아래로 엄지손가락을 조용히 누르며 얼굴에다 인내하는 모습을 담는다. 가슴이 뭉클해진다.

사랑의 향내가 이곳저곳으로 번져나가는가 보다. 관객

들이 자신도 모르게 노래에 공감해 눈시울을 적신다. 신은 그들에게 소리를 주지 않은 대신 아름다운 마음씨를 준 것 같다. 흰 손가락으로 한 뜸 한 뜸 수놓아 가는 수화는 한 폭의 아름다운 그림이다.

십여 년 전의 일이 생각난다.

여름이 막바지인 말복 무렵이었다. 더위를 피할 겸 찾아간 곳이 낯선 레스토랑이었다. 나는 오랫동안 익혀 온 수화를 한 번 선보이고 싶었다. 왼쪽 검지를 코끝에 붙이고 반대쪽 검지로 차를 휘젓는 모습을 해보이면서 붕어 입을 흉내 내어 커피라는 뜻을 표현했다. 그러면서 자세를 낮추어 겹친 손을 아래위로 흔들며 주문한다는 의미를 나타냈다. 커피 주문을 수화로 한 셈이다. 노랑머리에 가슴이 파인 옷을 걸친 삼십대 여주인이 놀라는 표정을 짓더니 짐승 보듯 나의 전신을 아래위로 훑었다.

"면상은 말짱하게 생긴 게 벙어리라니……."

동정인지 깔봄인지 이해할 수 없는 표정을 지으며 말을 뱉었다. 그러고는 얼굴을 돌려버렸다. 더불어 살아가는 삶, 장애우와 함께하는 세상을 외치면서도 막상 얼굴을 돌려버리는 표리부동한 모습을 대하고 보니 인간의 양면성을 적나라하게 보는 것 같아 착잡했다.

114안내도 "사랑합니다, 고객님." 하며 사랑을 일깨우고 있고, 물건을 구입해도 "사랑합니다, 사장님." 하는 등 사랑이 넘쳐나는 사회에 살고 있다. 너와 내가 어울려 사는 세상에서 차별의 대상을 가지고 있다면 장애자들로선 견딜 수 없는 고통이다. 이런 소외감이야말로 장애 자체보다도 더 그들을 아프게 한다.
　우리가 사는 사회는 장애자와 함께하는 어울림의 마당이다. 태양을 쫓아가는 해바라기가 있는가 하면, 달을 맞이하는 달맞이꽃도 있지 않은가. 조화와 화합으로 자연의 섭리가 이루어지는 것처럼 장애를 가진 그들도 우리와 함께 걸어가고 있다.
　허공에다 대고 수화로 노래를 하고 있는 이 시간, 그들의 고달픈 삶과 외로움이 무한대의 공간을 거쳐 내 마음속으로 들어온다. 보이지 않는 사랑이 무대 위의 그들과 객석의 우리를 하나로 묶는다.

　언어로 노래를 부를 수 있음은 신이 내린 축복이다.
　그러나 손으로 부르는 노래에는 항상 신이 머물고 있다.

(2007.12.8 영남수필)

더듬이와 지팡이

달팽이가 더듬이를 이용해 나무에 오르듯 지팡이로 더듬거리며 한 시각장애인이 버스에 오른다. 버스에 올라서도 흰 지팡이에 의지하여 몸을 가누고 있다.

시각장애인들의 세상에는 색깔이 없다. 잠을 자든 깨어 있든 밤낮의 변화가 없는 셈이다. 꽃을 보고도 직접 손으로 만지거나 냄새를 맡지 않고서는 생김새나 향기를 모른다. 심지어 이성간의 만남에서도 눈과 코, 입술 등을 손으로 더듬어 보고나서야 마음속에 지워지지 않는 형상을 그린다.

하지만 그들이 사회생활을 하면서 이보다 더 극복하기 어려운 것은 비장애인들이 장애인들에게 갖는 편향된 시각과 의식이다.

　장애를 가지고 산다는 것은 생활 속에서 약간 더 불편을 감수해야 하는 일이다. 장애 자체가 견딜 수 없는 어려움은 아니다. 그보다 더 힘든 것은 인간적인 대접을 받지 못하는 현실이다. 이것이 그들을 더 힘들고 슬프게 한다.

　장애인고용촉진법이 있어도 수많은 기업체에서는 벌금을 부담하면서까지 장애인 고용을 기피한다. 장애인을 만나면 하루 종일 장사가 안 된다며 따가운 눈총을 주는 상인들도 많다. 이런 저런 연유로 장애인들이 설 자리는 점점 좁아져 가고 있다. 장애인을 위한 제도적 장치가 늘어나고 있는데도 말이다.

　생각을 달리해 보자.

　살다 보면 자신의 의지와 상관없이 누구나 장애를 가질 수 있다. 따라서 비장애인들은 모두 잠재적 장애인이기도 하다. 언제든 장애를 가질 수도 있기 때문이다. 그러니 장애자와 비장애자는 더불어 살아가는 것이 자연스럽다.

　장애인에 대한 편견이 없는 사회라면 세상은 훨씬 더 밝아질 것이다. 만약 세상의 나무들이 하늘을 향해 곧게만 자라고, 휘어지거나 가지가 처진 채 자라는 나무가 없다면 사람들은 곧 싫증을 내고 말 것이다. 듣기 좋은 꽃노래만 계속 듣는 것도 마찬가지일 것이다. 다양한 모습의 나무나 꽃, 풀, 지렁이 등이 함께 있어 아름답고 건강한 꽃밭을 이루는 것처럼 잘난 사람, 못난 사람, 장애인, 비장애인이 한데 어울려 살아가는 것이 인간 세상이고 더 행복하고 건강한 삶이다.

독일의 J.B.Gracer는 사회의 융합이라는 입장에서 '통일성' 또는 '전체성'이란 말을 했다. 그의 사상을 이어받은 '통합교육'은 이제 보편화되어 일반학교에서도 시도를 하고 있다.

K중학교에서 특수학교로 통합교육을 하러 왔다. 그들은 학교생활에 문제점이 있어 장애학생을 위해 봉사활동을 하라는 지시를 받은 터였다. 장애학생들의 학습과 생활을 도와주는 것으로써 인성교육을 강화하고자 했다. '장애인과 비장애인 하나 되기 운동'의 일환이다.

그들은 놀랍도록 장애학생들과 잘 어울렸다. 사람은 누구나 자기보다 약한 사람을 보면 도우려는 마음이 일어나는 모양이었다. 그들은 비장애인집단과는 어울리지 못하고 오히려 장애를 가진 학생들과 잘 어울렸다. 장애학생들을 정성껏 돌보는 모습에서 따뜻한 인간애가 느껴졌다.

수업시간에는 학습활동 도우미 역할까지 했다. 뿐만 아니라 식사시간에 거동이 어려운 학생들을 위해 밥을 먹이기도 하고, 통학지도는 물론 화장실 청소를 대신하는 등 봉사 활동에 앞장섰다.

3주간의 봉사활동을 끝내고 떠나는 날이었다. 그들은 헤어짐을 못내 아쉬워했다. 장애학생들을 껴안고 어깨를 다독거리며 석별의 정을 나누는 모습을 보았다. 눈시울을 붉히며 돌아서는 얼굴에 순수한 인간의 정이 서려 있었다. '장애인과 비장애인의 하나' 되는 힘을 확인하는 순간이었다.

통합교육을 실시하기 위한 사전준비가 채 이루어지지 않은 교육현장은 학급당 학생 수 과다, 학부모의 이해 부족, 재정지원 부족, 장애교육에 대한 관리자의 인식 부족, 적절한 통합교과 선정 등 많은 문제점을 안은 채 실시되고 있다. 그러다 보니 실질적으로 장애아 교육의 효율성을 제대로 가늠하기가 쉽지 않다.

통합된 상황이 분리된 상황보다 학생들의 학습에 더 효과적이라는 인식이 확산되길 바란다. 사회가 통합교육을 추구할 수 있는 여건을 마련해 주면 좋겠다.

4월은 장애자의 날이 있고 장애인차별금지법이 시행되

고 있다. 앞으로 우리 모두가 장애인에 대한 인식을 새롭게 하여 거시적 안목으로 사회적 통합을 위해 노력한다면 굳이 이처럼 특별한 날을 만들거나 새로운 법이 없어도 모두가 행복할 수 있는 때가 오리라 믿는다.

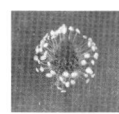

마음의 벽

지장선원의 돌은 영험하다.
'돌할매'라 불린다.
베개 모양인 그 돌의 기(氣)를 체험해보기 위해 신도들이 뻔질나게 찾아든다. 우선 두 손을 모으고 소원을 3번 말한 후 돌할매를 번쩍 들어야 한다. 돌의 무게가 사람의 운기에 따라 다르게 작용하기 때문에 돌을 들거나 들지 못하는 것에 따라 소원성취 여부가 판가름 난다.

누구에게나 가뭄에 비 기다리듯 간절하게 바라는 기원 하나쯤은 있다.

우연한 기회에 돌할매를 찾았다. 돌할매의 힘으로 미래를 알고 싶은 욕망이 일어났다. 만약 돌이 가볍게 들려버린다면 소문처럼 모든 기대가 수포로 돌아갈 수도 있다. 자칫 그것이 현실이 될지도 모른다는 불안감 때문에 선뜻 돌할매 앞에 설 수는 없었다. 마음속 갈등이 커져갔다. 하지만 망설임은 오래 가지 않았다. 돌할매 들기를 포기했다. 평소에 간절히 바라고 있던 소원이 그로 인해 날아가 버릴까 봐 염려됐기 때문이다.

검은색 피부를 가진, 작은 인형처럼 생긴 보잘 것 없는 작은 돌이 갑자기 무서워졌다. 돌할매를 피해 그곳을 박차고 나왔다. 미래의 기대를 앗아갈 수도 있는 힘을 가진 그 돌에 대한 두려움은 오랫동안 뇌리에서 지워지지 않았다. 마음의 벽이 나와 돌할매 사이에 존재했기 때문이리라.

정서 장애자에게는 두려움이 수시로 나타난다. 자신의 의지와 다르게 표현되는 감정의 변화는, 다른 사람이 자기의 마음속으로 들어오는 것을 차단한다. 그들은 이웃의 눈길을 피하고 홀로 마음의 벽을 쌓는다. 자신이 쌓은 성 안에서 자신만이 말하고 놀며 즐긴다. 감정을 여과하지 못한 채 산골옹달샘처럼 고이는 자신의 울분을 퍼마신다.

두려움은 파괴적이거나 공격적인 행동으로 나타나기도 한다. 심해지면 자해(自害)를 하기도 한다. 풍랑에 침몰하는 배와 같이 서서히 자기의 육체를 망가뜨리는 것이다. 몸을 자학하고 그 희열을 맛본다. 흰 천에 잉크 얼룩이 지듯 온몸이 퍼런 멍으로 얼룩지기도 한다. 그들을 돕는 방법은 오직 마음의 울타리를 거두게 하는 것이라 생각한다.

그들에게 마음의 문을 열게 하는 타임아웃이라는 방이 있다. 시간과 장소에 대한 개념을 잊도록 안전시설과 조명을 갖춘, 스트레스 해소를 위한 장소로 이용되는 방이기도 하다. 그곳에서는 이상행동을 해도 꾸중할 사람이 없다. 그들은 고삐 풀린 말처럼 이리저리 뛰고 놀 수 있다. 배고픈 사람에게 무한정 음식을 제공하여 식탐을 점차 줄이는 것처럼 그들에게 불만을 해소할 수 있는 시간과 공간을 주는 것이다. 울고 싶은 사람에게 마음껏 울 수 있는 공간이요, 고함치고 싶은 사람에게는 속 시원하게 고함칠 수 있는 공간인 것이다. 만약의 사태를 대비해 문 밖에서 지도하는 사람은 있지만 관여하지는 않는다.

정서장애 학생들 대부분은, 처음엔 마음껏 뒹굴거나 고함치며 욕구를 표출한다. 심지어 자기 신체의 일부를 자해하기도 한다. 하지만 서서히 그 증상이 줄어들어 마침내 말하거나 움직일 수 없는 상황이 되면 모든 부적응행동이 사라진다.

문제가 없는 비장애인들 사이에도 불안감은 존재한다. 특히 경제가 불안정하고 어려울 때는 두려움을 상대방의 탓으로 돌리기 쉽다. 흔히 우리는 위정자의 정치 스타일을 나무라고 권력가의 불법을 탓하며 기업가의 부도덕성을 꾸짖지 않는가.

하지만 꾸짖음 이전에 그런 마음을 가지게 된 우리 자신에게는 문제가 없는지 살펴 볼 일이다. 자신도 모르는 사이에 울타리를 치고 마음의 벽을 쌓을 수 있기 때문이다. 정서장애자들이 불만을 해소하는 방법처럼 세상을 지나친 간섭이 아닌 따뜻한 마음으로 지켜보고 기다리는 것이 마음의 벽을 허물 수 있는 하는 효율적인 방법이 아닐까.

(2008.5.10 대구일보)

자장면

 '옛날 손자장면' 간판이 보인다. 어린 시절 추억을 생각하며 그곳으로 발길을 옮긴다.
 초등학교 2학년쯤이었던가 보다. 어머니의 손에 이끌려 간 곳은 중국집이었다. 음식이 나오기까지 주방장이 요리하는 것을 보았다. 그의 손끝에서 밀가루가 조화를 부리고 있었다. 반죽에 밀가루를 덧칠하는 모습이랑 손바닥에 침을 바르며 면을 내리치는 모습이 신기하기만 했다. 면을 다루는 기법과 마술같이 국수가 늘어나는 과정, 손가락 사이로 누에가 실을 뽑아내듯 국수를 뽑아내는 것들을 보면서 놀라워했다.
 어디 그 뿐이랴. 처음 먹어본 자장면 맛은 기가 찬 별

미였다. 순식간에 그릇을 비웠다. 음식을 마지막까지 핥아 먹고 만족스러운 표정으로 자장을 묻혀 웃고 있던 나의 입술을 닦아 주시던 어머니의 손길이 생각난다.

장애를 가진 학생들도 자기가 좋아하거나 처음 만나는 음식에 대해선 관심을 가진다. 이러한 일들이 가끔 신통력을 발휘하게도 한다. 과학적 근거로 설명하기는 어렵지만 믿을 수 없는 일이 사실로 증명된다.

초등 특수학교 학생 P군은 자기가 좋아하는 것을 기억하는 능력이 가히 놀랄 만했다.

갑자기 그가 수업 중에 사라진 적이 있었다. 슬그머니 자리에서 일어나 선생님의 시야를 벗어나 흔적을 감춘 것이다. 학교가 발칵 뒤집혔다.

그가 발견된 장소는 구석진 곳에 있는 빈 교실이었다. 먹고 싶은 음식이 생각났는지 칠판에 '자장면'이라는 글자가 큼직하게, 그 아래엔 음식점 상호가 가득 적혀 있었다. 시내에 있는 반점 이름을 죄다 쓴 것이다. 자장면의 맛을 기억한 그는 맛있는 자장면을 만드는 중국집에 호기심이 발동하여 기억한 것이리라. 오육십 개나 됨직한 상호를 기억하는 것도 놀랍지만, 더욱 신기한 것은 상호를 가나다 순서로 적은 것이다. 메모도 없이 수많은 상호를 암기

한다는 것은 정상적인 지능을 가진 사람에게도 불가능한 일일 것이다. 아무리 자신이 좋아하는 것을 기억하는 능력이 있다고 해도 그는 정서가 불안한 장애 학생이 아닌가. 그러한 기억력을 다른 교과목에 접목시키지 못한 것이 풀지 못한 과제로 남았을 뿐이다. 안타까웠다. P군의 두뇌에는 맛있는 자장면 외에 다른 것이 헤집고 들어갈 여백이 없었던 것 같다.

  이처럼 어릴 적에 처음 맛본 음식은 영속성을 가지고 사람의 마음을 사로잡고 있다. 옛날 맛에 길들여져 온 인간의 심리는 변화를 거부하는 듯하다. 첫인상, 첫사랑, 첫날밤, 첫눈 등 처음 만나는 것에 애착을 가지는 것은 정서장애 학생이나 우리나 똑같다. 표현 방법만 틀릴 뿐 같은 생각을 하며 인생을 살아가고 있는 것이다.

(2008.7.4 대구일보)

식탐

흔히 '사람은 먹기 위해 태어난 것이 아니다'라고 한다.
하지만 나는 이 말을 전적으로 수긍할 수 없다. 인간에게 먹는 즐거움이 없다면 행복의 절반은 포기하는 것이란 게 내 생각이다.

예수님은 죽음의 문을 넘기 전 제자들과 최후의 만찬을 즐겼고, 부처님에게도 예불과 함께 정성껏 음식을 마련해 올렸고, 천주교에서도 예수님의 몸으로 비유되는 성체와 피를 상징하는 포도주를 마시지 않는가. 이것만 보아도 먹는 것을 나누는 일은 성스러움이요 기쁨이요 즐거움이 아니겠는가.

월남 파병 시 배 안에서 했던 식사를 잊을 수가 없다. 처음으로 자유 배식을 경험한 자리였다. 한 번도 배부르게 먹은 적이 없었던 군대 시절, 월남에 지원한 몇 가지 동기(動機) 중에는 식생활 해결도 큰 몫을 차지했다. 수백 명의 병사가 동시에 식사를 하는 식당은 규모가 엄청 컸다. 처음으로 맛보는 서양 요리는 기가 막혔고 코카콜라는 정신을 송두리째 빼앗았다. 식사 후에도 배식하는 미군이 잠시 자리를 뜨면 재빠르게 다시 줄을 섰다. 식사를 한 번 더 하기 위해서였다. 필리핀 근해를 항해할 즈음 기름진 음식을 포식하여 배탈이 나서 화장실을 수십 번 들락거렸던 적도 있다.

식탐은 전투 중에도 달라지지 않았다. 전투 시에는 통조림으로 된 이동식품인 C레이션이 공수되었다. 유사시 행군하면서도 먹을 수 있는 콩, 칠면조고기, 소고기, 과일즙 외에도 후식으로 커피, 담배는 물론 비스킷과 초콜릿, 껌까지도 들어 있었다. 몸집이 큰 미군을 기준으로 배식된 음식이라 양이 많아서 항상 남았다.

남은 음식을 모으기 시작했다. 전쟁터에서 배낭 가득 음식을 짊어진 채 전투를 했으니 한마디로 미련 곰탱이가 따로 없었다. 하지만 그 당시엔 먹는 것에 대한 집착이 그만큼 강했다. 끝내 버리지 못한 비스킷은 베개를 만들어 사용하기도 했고 사물함에 보관하기도 했다.

이처럼 식탐을 버리지 못하니 내 몸은 언제나 과체중이다. 요즘도 관광 가면 먹을거리를 먼저 떠올린다. 그 지방의 맛집부터 훑어보는 것이 습관화 된 것이다. 그런데 이런 식탐조차 맥을 못 출 일이 생겼다.

낙동강에 인접한 D의 농장을 방문했다. 소 울음소리로 가득했다. 60여 두의 육우를 사육하고 있었다. 소들은, 고개도 마음대로 돌리지 못할 만큼 좁은 우리에 갇혀 있었다. 소들은 일제히 '음매에' 하며 나를 맞이했다. 그 소리는 마치 몸이라도 좀 자유로이 움직일 수 있게 해 달라고 하소연하는 것 같았다. 눈물을 그렁거리면서 충혈된 눈으로 애처롭게 바라보는 걸 보니 사람의 정을 그리워하는 것 같기도 했다. 고향 친구를 만난 듯한 반가움에 우리로 가까이 다가갔다. 낯선 사람의 접근에 겁먹은 표정을 지으며 목을 휘젓는 놈도 있고 호기심에 내 손을 혀로 핥는 놈도 있었다. 건초를 주자 경계하던 놈도 긴 혀를 내밀며 다가왔다.

그런데 그들 중, 먹이에도 관심을 보이지 않고 처량한 목소리로 울기만 하는 소가 눈에 들어왔다. 오늘 새끼와 헤어진 어미 소라고 했다. 젖 떼는 시기가 오면 새끼와 어미를 딴 우리에 격리시킨다는 것이다. 새끼의 체취가 생각난 것인지 어미는 먹지도 않고 울기만 했다. 날이 어둑해지자 더 처량한 소리로 울었다. 자식에 대한 그리움이 사무치는 모양이었다. 울음소리의 여운이 길게 이어졌다. 새끼를 부르는 것이리라. 새끼 잃은 어미는 더러 며칠씩 식음을 전폐하고 울기만 하는 경우도 있다고 했다.

갑자기 어미 소의 울음소리와 준이 엄마의 울음이 겹친다.

"준아, 이러면 못써!"

계속 자기 뺨을 때리는 아들을 보며 준이 엄마가 울고 있다. 준이는 정서장애아다. 아들의 행동을 만류하지만, 이번엔 책상에 머리를 들이박는다. 무엇으로 이 아이를 진정시킬 것인가? 아무도 답을 찾을 수 없다. 시원한 공기를 마실 수 있도록 준이를 데리고 나가 보지만, 계속 팔을 치거나 두 손으로 귀를 막고 머리를 치는 등 자해를 한다.

새끼가 그리워 먹지도 않고 밤을 새우는 어미 소의 울음과 준이 엄마의 울음이 겹쳐지는 이유를 한마디로 설명할 순 없다. 분명한 것은 그날 밤, 맛있는 한우를 먹기 위해 그 지방의 맛집에 들렀지만 내내 어미 소와 준이 엄마의 울음이 섞여 들려와 젓가락조차 들고 싶지 않았다는 것이다. 아니 들 수가 없었다.

전쟁터에서도 꺾이지 않던 식탐이, 새끼를 찾는 어미 소의 울음소리와 장애 아들을 둔 엄마의 울음에 그만 녹아버린 모양이었다.

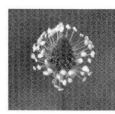

지금 나는 행복한가

　대로변에 접한 C시장은 인파로 넘쳐난다. 나는 그 길을 즐겨 다닌다. 숨 가쁘게 승객을 실어 나르는 버스나 택시, 자가용차들의 시끄러운 소리와 상인들의 호객 소리가 뒤엉켜 혼란스러워도 아랑곳하지 않는다. 채소를 이고 온 할머니의 주름진 손과 과일행상의 얼굴, 옷가게 아저씨의 모습에서 그들의 삶을 엿볼 수 있기 때문이다. 진솔한 삶의 현장을 이곳보다 더 적나라하게 볼 수 있는 곳이 어디 있을까. 수요와 공급을 위해 팽팽한 줄다리기가 이루어지는 곳, 흥정이 있고, 나름대로의 질서가 있는 시장은 질퍽한 삶의 현장이다. 그래서인지 언제나 생동감이 넘친다.
　민물고기 가게 앞에서 발길을 멈추었다. 숨을 죽인 채

움직이지 않는 가물치와 지느러미로 유영하고 있는 잉어가 마치 정물화 같다. 아직도 포로가 된 제 신세를 모르는 듯 부지런히 헤엄치는 붕어들을 물끄러미 바라보고 있노라니 그들의 신세가 처량하다. 자유를 박탈당한 삶의 괴로움을 나타내 듯 거품을 토하는 물고기도 보인다. 저 물고기들처럼 자유를 잃은 사람들 또한 얼마나 많을까 생각하며 시장길을 걸었다.

그때였다. 갑자기 귀를 자극하는 노랫소리가 들려왔다. 흘러간 옛 노래, 기억에도 가물거리는 60년대 가요였다. 구성진 노래는 사람들의 감성을 자극하며 시장의 왁자지껄한 소리를 단숨에 제압했다. 듣기 좋은 노래였다. 장을 보는 사람들은 물론 난전의 상인들까지도 노랫소리가 나는 쪽으로 고개를 돌렸다. 그곳에는 다리 대신 두꺼운 고무천을 허리까지 둘둘 말고 마치 땅 위에서 물고기가 유영하듯 몸을 움직이는 사람이 있었다.

그를 유심히 봤다. 신체 중 움직일 수 있는 부분은 상체뿐인 듯했다. 땅 위에 던져진 물고기 같다고나 할까. 팔이 지느러미 역할을 하는 듯 엎드려 기고 있었기 때문이다. 몸을 팔에 의지하다 보니 팔뚝이 유난히 굵고 건강하여 한눈에도 돋보였다. 그는 의외로 앳되어 보이는 얼굴이었다. 더 놀라운 것은 그의 표정이었다. 불구인 몸을 의식하지 않는 듯 비굴한 티가 나지 않았으며 당당한 태도였다. 불구의 몸으로 행상을 하고 있지만 꾸밈없이 밝고 행복한 얼굴이었다.

그가 흥겹게 노래 부르며 생필품을 파는 모습을 보고 있자니 문득 산을 오르다 만난 한 남자가 떠올랐다.

산 중턱 쯤에서 잠시 쉬고 있을 때였다. 좋은 차 한 대가 매연을 뿜으며 올라오더니 내가 있는 곳 근처에 멈춰섰다. 어깨가 축 처진 한 남자가 내리더니 큰 소나무가 있는 숲 속으로 걸어갔다. 산에서, 길이 아닌 숲 속으로 들어간다면 두어 가지 이유일 것이라고 쉽게 짐작이 갔다. 어지간히 급했나 보다 생각하며 가던 길을 재촉하는데 갑자기 고함 소리가 들렸다. 조금 전 그 남자가 숲 속 한적한 곳에서 갑자기 산이 떠나가도록 고함을 지르고 있는 것이 아닌가. 한참이나 같은 행동을 되풀이하더니 끝내는 울기 시작했다. 나는 그렇게 처절한 남자의 울음소리를 들어본 적이 없었다. 그는 30여 분 정도 고함을 치고 울부짖더니 마침내 아무 일 없었던 모습으로 그 자리를 떴다. 그의 차가 사라져도 왠지 발이 떨어지지 않았다.

사람은 누구나 시련을 만날 때가 있다. 그것을 극복하

지 못하고 세상을 등진 사람도 많다. 산에서 본 그 사람도 어떤 사연으로 고함을 치며 울부짖었는지 알 수는 없다. 하지만 비굴하지 않고 당당하게 자신의 삶을 살아나가는 시장통 불구의 무명가수를 보고 있자니 산에서 울부짖던 사람이 자꾸만 떠오른다. 비록 몸은 불구이지만 행복한 얼굴을 가진 한 장애인과, 경제적으로 여유가 있어 보였지만 결코 행복하지 않은 듯하던 한 남자의 각기 다른 삶의 단면을 비교하자니 묘한 기분에 사로잡힌다. 누가 더 행복한 삶을 살다 갈지 알 수 없는 일⋯⋯.

숨 막히는 좁은 공간에서 북적이는 물고기를 보며 갖은 상념에 젖어드는 오후. 나에게 물어본다.

지금 나는 행복한가?

보는 눈, 느끼는 눈

　사람은 눈이라는 창을 가지고 있다. 그 창으로 사물을 식별하고 밤낮을 알 수도 있다. 그러니 눈으로 행복을 만들 수 있다는 말도 과언이 아니다. 눈의 중요성은 아무리 강조해도 지나치지 않기 때문이다.

　눈을 감아 보시라. 깜깜절벽이 나타나 그대를 한 발자국도 움직이지 못하게 할 것이다. 아니 그렇다고 느낄 것이다. 절망이 뇌리에 가득 찰 것이다. 사물의 생김새나 용도 구분은 차치하고라도 사랑하는 사람의 얼굴이나 미소, 슬퍼하는 눈빛, 형형색색의 불빛, 반짝이는 태양 아래 거리를 활보하는 사람들의 활기찬 모습, 컬러풀한 옷, 수면 위로 부서져 내리는 한낮의 햇살을 상상도 할 수 없을 것이다.

　하지만 눈으로 세상을 다 본다고 생각하는 건 오판이다. 독선이고 오만이 될 것이다. 보지 못해도 느낄 줄 아는 감각이나 마음 등이 있으니 말이다. 눈 없이도 태양의 붉은 색을 느끼거나, 심장에서 뛰는 피의 색깔이 붉다는 것을 아는 경우도 있다. 따뜻한 기운은 붉은 색에서 나온다는 사실을 유추하는 능력을 갖고 있다는 말이다.

　수안보 가는 길에 시각장애학교인 충주 성모학교에 들렀다. 수녀인 교장 선생님이 밝게 웃으며 우리 일행을 맞아주었다. 밖에서는 작은 학교로 보였지만 막상 안으로 들어서니 규모가 엄청 컸다.
　직업 교실은 학생들의 공예품으로 가득했다. 김밥이라는 주제로 만든 공예품이 있었다. 시각장애인은 김밥을 어떻게 표현했을까 궁금했는데 뜻밖에도 그들의 탁월한 잠재 능력을 알게 되었다. 얇은 나무껍질로 둥글게 말아서 김밥을 만들어 놓은 것이었다. 그렇게 표현하면 되겠다는 것을 어떻게 알았을까. 더욱 놀란 것은 김밥 속을 나타내기 위해 톱밥을 이용하였으며, 양념은 색실을 사용하여 효율성을 극대화했다는 점이다. 참 먹음직해 보이는 김밥이었다. 김밥을 볼 수 없는 그들이 만든 영락없는 김밥, 그 공예품이 한동안 나를 잡고 놓아주지 않았다.

　사람의 형상을 만든 공예품도 있었다. 귀와 손이 몹시 컸다. 까닭을 알 수 없었다. 안내하는 교장 선생님께 물어보았다.

　"시각장애자들은 상상의 힘으로 자기를 표현하지요. 보이지 않는 사람은 대체로 만지거나 소리로 세상을 구별해요. 그러니 손과 귀가 얼마나 중요하겠어요. 중요 부분은 모두 크게 만들지요."

　재미있는 표현은 화장실에까지 이어져 있었다. 화장실 표시가 한글로 되어 있지만 그들은 읽을 수 없다. 그래서 손으로 더듬어 찾아간다. 천과 막대기로 남녀화장실을 구별해 놓은 것은 이곳에만 있는 일이었다. 여자화장실은 부드러운 네모로 된 천으로 표시했고 남자화장실은 둥근 막대로 표시했다. 절묘하지 않은가. 볼 수 없는 그들이 남녀의 성 특징을 나타내는 방법이 뛰어났다. 기발한 발상이 놀랍기만 했다.

　그 뿐 아니었다. 시간표도 독특했다. 지역사회를 나타낼 때는 경제활동에 중요한 지표인 동전으로 표현했고, 체험활동은 근로를 의미하는 장갑으로, 음악 시간은 소리를 내는 짝짝이를 게시하여 손으로 만지고 두드려 보아 알게 했다.

그 후 한 번 더 시각장애자들의 작품을 감상할 수 있는 기회가 있었다.

'마음으로 봐 주세요'라는 주제로 시각장애학생들의 미술작품 초대전시회가 MBC갤러리에서 열렸다. 전시회 그 자체만으로도 장애인과 비장애인 사이의 벽을 허물고 이해와 소통이 가능함을 확인시켜주는 장이었다. 주제에 맞게 만지거나 들어서 얻은 정보와 느낌을 표현 예술로 승화시킨 작품들이었다.

온통 국화 향에 젖어 있던 전시회장에서 충주의 수녀 교장 선생님을 다시 만났다. 학생들의 잠재된 능력을 이끌어내고 꿈을 키워 주기 위해 이곳까지 온 성의가 고마웠다. 장애자들의 교육을 위해 정성을 쏟고 있는 교장 선생님 같은 분들이 있기에 이런 소통의 장이 만들어진 것이리라.

전시회장의 작품을 감상했다. 작품마다 그들의 땀이 묻어있고 정성이 흐르고 있었다.

시각장애아들은 마음이 곧 눈이요 창이다. 눈으로 보지 못한다고 해서 그림 그리는 것에 장애가 있거나 공예품을 만들 수 없는 것은 아니다. 마음으로 보고 손가락 끝으로 나타낼 수 있기 때문이다. 보이지는 않지만 존재하는 것들을 알아내는 능력이 그들에겐 있다. 무한한 상상력으로 또 다른 세상을 창조한다. 그것은 비장애인들에게는 아예 없는 혹은 많이 부족한 부분일 수밖에 없는 힘이다. 이런 전시회를 관람하면서 그들에게 동정의 시선을 보내거나 찬사 보내기에 그친다면 진정한 관람의 의미는 놓쳐버린 것이라 할 수 있다.

크고 특별한 꿈을 키우고 있는 시각장애인들에게는 어설픈 칭찬보다 마음에서 우러난 격려와 응원이 진정 필요하기 때문이다.

제3부

봄, 그리고 흐르는 강물

호박
봄, 그리고 흐르는 강물
선택
그루터기
터
세월의 멱살을 잡고
흰 연산홍과 놀다
너털웃음이 그립다
생성과 소멸은 공존할 수 없다

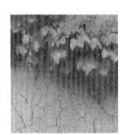

호박

추적추적 늦가을비가 내린다. 스산한 마음을 달래려 빗길을 산책하기로 한다.

아파트 모퉁이의 언덕바지 땅을 이용해 누군가가 깔끔하게 만들어 놓은 텃밭에서 고추며 상추, 푸성귀들이 자라고 있다. 비를 먹고 기운 낸 식물들이 보기에도 탐스럽다. 돌무더기 울타리 위로는 호박꽃이 지천이다. 채 지지 않은 호박꽃을 등에 업은 애기호박이 있는가 하면, 불가사리처럼 활짝 핀 꽃도 있다. 입을 꼭 다문 채 비 맞은 뺨이 부끄러운 듯 살포시 고개 숙인 꽃도 보인다. 잎사귀 사이로, 누렇게 익어가는 호박덩이 하나가 설핏 비친다. 비를 맞고 있는데도 겉에 서린 분가루가 선명하다. 저러

자면 속살은 얼마나 달까. 뽀얀 분가루 사이로, 벽지로 부임해 갔던 첫 교사 시절이 피어오른다.

버스래야 겨우 하루에 한 번 다녀가는 오지, 전기도 전화도 없던 시절이었다. 발령장을 받고 나니 방 구하는 일이 우선 걱정이었다. 시골이라 방이 귀했다. 그 와중에도 유난히 추위를 많이 타기에 나는 소죽 끓이는 방을 찾고 있었다. 군불 지필 수고를 덜 수 있기 때문이었다. 며칠 후, 노력이 헛되지 않아 소죽 끓이는 방을 구할 수 있었다. 초저녁부터 방바닥이 지글지글 끓어 한겨울에도 땀이 날 정도였다.

짐을 옮긴 첫날이었다. 자리에 누워 무심코 사방을 둘러보았다. 그런데 방 위쪽 천장 아래 벽면에 눈길이 멎었다. 둥근 나무 두 개가 나란히 걸쳐진 시렁 위에 늙은 호박들이 수도 없이 쌓여 있는 게 아닌가. 크고 잘생긴 호박들이었다. 그 집에 들어설 때부터 나던 퀴퀴하면서도 달착지근한 냄새의 진원지가 바로 저곳인가 싶었다.

문제는 그때부터였다. 만약 저 호박들이 한꺼번에 우르르 무너져 내린다면……. 머리에 부딪친다면……. 그러자 금방이라도 위험이 닥칠 듯 머리끝이 섬찟했다. 쓸데없는 생각들이 꼬리를 물기 시작했다. 왁자지껄한 오일장에서

돌탑처럼 쌓아 올린 호박 무더기를 볼 때면, 그 괴는 묘기에 감탄이 절로 나왔다. 무너질 것 같은 아찔함에 가슴 졸인 적은 있지만 한 번도 무너진 것을 본 적은 없다. 시렁 위의 호박들도 그러할 것이다. 그러할 것이다……

이튿날 아침 날이 샜으나 주인 할머니에게 호박 치워 달라는 말은 차마 할 수가 없었다. 한두 개가 아닌데다 특별히 방세를 내는 것도 아니었고 또 어딜 가서 이처럼 따슨 방을 구할 수 있단 말인가.

그래도 낯선 곳에서의 생활은 새롭고 재미있었다. 그러다 보니 호박에 대한 불안도 차츰 덜했다. '떨어질 테면 떨어져 봐라. 니가 터지지 내가 깨지겠나.' 자리에 눕기 바쁘게 잠 속에 빠져들었다. 그러다가 나중에는 호박이 머리 위에 있다는 사실조차 깡그리 잊고 지냈다.

정자나무 숲이 쏴쏴 바람에 울고 떨어진 잎사귀들이 소리 내어 뒷마당 여기저기를 휩쓸고 다니던 어느 겨울날, 할머니가 큰 양푼을 들고 내 방에 오셨다.

"총각 선상님, 이것 좀 묵어 보이소."

호박범벅이었다. 양푼에서는 연신 뽀얀 김이 올랐다 사라지곤 했다. 맛있게 보이는 음식과는 대조적으로 양푼을 잡은 할머니의 손은 몹시도 거칠었다. 그 손으로 만든 음식을 앉아서 받아먹자니 일순 송구스러운 마음이 일었다. 호박 살은 감칠맛이 있었고, 가끔 나타나는 콩이나 찹쌀로 빚은 새알은 더욱 입맛을 돋우었다. 위가 좋지 않던 나는 그것을 남겨두었다가 수시로 먹곤 했다. 달콤하면서도 쫄깃한 그 음식은 아무리 먹어도 속이 불편하지 않았다.

 이른 봄 어느 날, 퇴근 후 방에 들어서니 머리 위가 허전했다. 그 많던 호박이 죄다 사라져버렸다. 도회지에 있던 할머니의 딸과 사위가 몽땅 가져가 버린 것이다. 냄새도 따라갔는지 썰렁한 바람만 일었다. 오래 사귄 친구를 잃은 듯 허전하기 짝이 없었다.

 다시 여름이 되자 할머니 집 토담에는 호박꽃이 앞 다투어 피어났다. 가을이 되어 황금 복주머니 같은 호박이 내 방에 다시 찾아왔음은 물론이다.

 호박은 척박한 땅을 마다하지 않고 힘차게 제 갈 길을 가지만 호박만큼 까다로운 식물도 없다. 제 모습처럼 모나지 않고 둥글둥글 순하다고만 여긴다면 그것은 큰 오산이다. 할머니의 손을 보아도 알 수 있듯, 밑자리부터 맵짠 사람의 손길이 따라야 한다. 호박은 옮겨심기를 해야 잘 자란다. 우선 아주 심을 자리에 미리 분뇨나 거름을 듬뿍 주어 흙을 삭혀야 한다. 흙이 적당히 삭고 독소가 가라앉을 즈음에, 새순이 돋아난 모종을 옮겨심기 해야 한다.

 호박은 언뜻 보기에 아무렇게나 나고 자란 것으로 보이지만, 보이지 않는 곳에서 쏟은 누군가의 정성을 받지 않고선 결코 그런 열매를 만들어내지 않는다. 무른 듯 여린 듯 하나 작은 씨앗 속에 숨어있던 강건한 저력과 토양과 수분, 그리고 태양이 합심하여 마침내 달고 이로운 육질을 만드는 것이다. 마무리는 한 놀라운 결과다.

 호박을 보는 인간의 눈은 그다지 곱지 않다. '뒤로 호박씨 깐다'라는 말이 있다. 나는 이 말에 다소 부정적이다. 겉으로는 엉성해 보이지만 안으로는 실속을 챙긴다는 뜻으로 영양이 많은 호박씨를 빗댄 말이다. 좋은 의미보다 안 좋은 의미로 폄하하여 사용하니 이것이야말로 아이러니가 아닌가. 뿐만 아니라 절친한 사이든 생면부지든 '당신 얼굴이 호박 같다'고 말해 보라. 어떤 일이 일어나겠는가. 특히 여인네를 호박꽃에 비유한다면…….

 만일 누군가를 실제 이하로 폄하했다고 하자. 필경 서운해 하거나 우습게 본다며 관계를 단절할 것이다. 나아가 순하고 남을 이익 되게 하던 좋은 성품이 바뀌어 버릴 지도 모른다.

벌이나 인간에게 호박꽃만큼 충만감을 주는 것이 또 있을까. 벌이 오래 멈추어 있는 것만 보아도 그곳이 얼마나 질펀한 영양의 보고인지 알 수 있다. 애기 손바닥만 한 꽃에서 서 말치 솥 크기의 열매를 얻을 수 있는 식물은 흔치않다. 호박꽃을 보며 오랫동안 호박죽에 대한 향수를 달래니 이 또한 감사한 일이다. 서툰 삶을 시작한 시골, 고향처럼 포근히 다가와 나의 안착을 도와주던 농가의 인정이, 시렁 위의 호박과 함께 눈에 어린다.

'장미꽃 한 송이'라는 가요가 있다. 내 일찍이 작곡이나 작사에 조예가 있었다면 '호박꽃 한 송이'란 노래를 지어 대중이 널리 부르게 했을 텐데, 아쉽다.

(2006.5. 수필문학)

봄, 그리고 흐르는 강물

감포 가는 길은 항상 즐겁다.

대구와 가까운 거리이면서도 바다를 접할 수 있기 때문이다. 싱싱한 회를 맛볼 수 있는 즐거움도 있다. 점점이 떠있는 고깃배와 한가로운 어촌의 풍경, 바다를 배경으로 온 천지가 쪽빛으로 물들어 있어 그 경이로움에 피로감이 싹 가신다.

오래 전이다. 가족을 거느리고 감포에 갔다 오는 길이었다. 예정대로 경주에 있는 S성당에 들렀다. 꽃에 둘러싸인 마리아상 앞에 몇몇 신자가 기도를 드리고 있었다. 그 앞을 지나 성전에 들어서니, 예수님의 고상이 우리 일행을 반겨 맞았다. 반겨 맞이하긴 해도 예수님의 그 고난의 표정은 나에게 여전히 엄숙한 마음을 자아냈다.

　재미있게 보낸 나들이가 은근히 마음에 걸려 뒷자리에 앉았다. 미사가 시작되었다. 그러자 무엇에 끌리듯 건너편의 여인에게 유난히 눈길이 갔다. 기도하는 모습은 누구에게나 아름다운 형상으로 비친다. 자석처럼 여인은 내 관심을 끌어당기고 있었다.

　성가가 울려 퍼지고 영성체를 모실 때였다. 여인의 얼굴이 또렷이 눈에 들어왔다. 어디선가 본 듯한 모습이었다. 바쁘게 기억을 더듬어 보았다. 쉽게 떠오르지 않았다. 그러다 섬광처럼 머릿속을 스치는 한 줄기 기억, 바로 그 여인이 분명했다. 세월이 많이도 흘렀구나. 손을 꼽아보았다. 산골 동네 어귀에 봄이 오면 흐르는 강물과 함께 떠오르는 얼굴……. 벌써 수십 년 전의 일이다.

　뒤늦게 겨울잠에서 깨어난 산골은 사월이 되어서야 봄기운이 감돌고 연녹색 나뭇잎들이 생기를 찾는다. 가슴 설레며 부임한 학교는 벽지 중의 벽지였다. 첫 교사생활이 시작된 바로 그곳이다.

　학교는 사방이 산으로 둘러싸여 있었으며 나지막하고 아담했다. 학교 가는 길에는 제법 넓은 개천이 있었다. 개천이라고는 하지만 물은 얼마 없고 자갈과 모래만 넓게 깔려있어 누구나 쉽게 건널 수 있을 정도였다. 하루에 두 번 있는 버스도 거르는 일 없이 잘 다녔다. 그러나 겨우내 얼어 있던 솜이불 같은 잔설이 녹아내리면 상황이 바뀐다. 눈 녹은 산골 물이 개천으로 흘러들기 때문이다. 게다가 봄비라도 내리는 날이면 '흐르는 강'으로 변해버린다. 물 깊이가 어른의 무릎을 지나 허벅지까지 차면, 버스는 아예 개천 앞에서 멈추고 만다. 학교는 그곳에서도 10리쯤 떨어져 있었다.

해마다 4월은 산골학교로서는 어려운 시련기였다. 발령받고 부임해 온 선생님들 대부분은 그 다음 날로 사표를 냈다. 워낙 산골인데다 시설이 좋지 않아 생활하기가 불편했기 때문이다. 담임이 없는 학급은 새로 오는 선생님을 기다려야 했다. 교감 선생님이나 다른 반 선생님이 두 학급 또는 세 학급의 수업을 맡았고, 거기에다 담임마저 겸하는 일이 다반사였다.

교육청으로부터 반가운 소식이 온 것은 신학기가 시작되고도 한 달이 지난 후였다. 젊은 여선생님 한 분이 부임해 가는 중이라는 낭보였다. 봄비답지 않게 제법 많은 비가 내린 오후, 교장 선생님은 나에게 그 여선생님의 마중을 명하셨다.

 인적이 드문 산길을 지나, 개천을 향해 걸으면서 나는 여선생님을 생각했다. 그녀도 얼마 안 가 훌쩍 떠나버릴 것이다. 이내 아쉬움만 안은 채 또 새 선생님을 기다려야 하지 않을까. 길어보았자 일주일, 아니면 한 달……. 이어지는 생각으로 마음이 혼란스러웠다. 인기척에 놀란 새 한 마리가 푸드덕 하늘을 향해 날아올랐다. 그러자 봄 향기 실린 감미로운 바람과 산 위로 피어오르던 한가로운 구름이 내 부정적인 생각을 말끔히 몰아냈다. 산골 정취에 다시 마음을 빼앗겼다.

 강가에서 오랫동안 기다린 끝에 완행버스를 만날 수 있었다. 왁자지껄한 무리들 사이로 오일장에 갔던 석이 아버지도, 마을 이장도 내렸다. 물이 불어난 개천을 건너기 위해 사람들은 너도 나도 정신이 없었다. 보퉁이를 인 여인들과 봇짐을 진 젊은이들, 거나하게 약주에 취한 노인들도 예외 없이 개천을 건너야 했다. 개천은 강으로 변해 유유히 흐르고 있었다. 바지나 치마를 둥둥 걷고 보따리를 움켜쥔 모습들이 전쟁 때의 피란민 행렬과도 같았다. 마지막에 내린 여인이 새로 부임해 온 여선생님으로 보였다. 앳된 모습에 옷차림새가 시골에 사는 사람과 달리 세련돼 보였다.

"학교에 오시는 선생님입니까?"

"예."

그녀는 반가운 얼굴로 간단히 대답하면서 아는 체를 했다.

"여기서부턴 저 사람들처럼 물을 건너야 됩니다."

그러면서 간단한 인사와 함께 학교 소개를 했다.

강을 건너기 위해선 신발을 벗어야 했다. 복장을 보니 스타킹을 신고 치마를 입고 있었다. 그녀는 강 건널 엄두를 못 내고 우두커니 그 자리에 서 있었다. 차마 낯선 부임지로 첫 걸음 한 젊은 여선생님에게, 스타킹 벗고 치마 올리고 직접 강 건너라는 말을 할 수는 없었다. 잠시 망설이다가 개천을 건네주기로 마음먹었다.

"신발 벗어 들고 등에 업히세요."

순간, 망설이는 모습이 역력했다. 그러나 곧 피할 수 없는 상황의 심각성을 알아차리는 듯했다.

"그럼, 선생님의 신발은 저에게 주세요."

내 신발을 자신이 들어주겠다니……. 반가운 마음에 얼른 신발을 벗어 그녀에게 주었다. 나약한 모습은 보이고 싶지 않았다. 지금 생각해도 어디서 그런 용기가 나왔는지 이상할 정도다. 바지를 둥둥 걷어붙인 후 그녀를 업었다. 아직 한 번도 누군가를 업어 본 경험이 없었지만 처음 업는 사람이 젊은 여자이고 보니 기분이 좋은 건 숨길 수 없는 사실이었다. 여인의 몸에서 나는 향긋한 냄새 역시 마음을 설레게 했다. 짧은 즐거움이었다. 맨발이었지만 몇 미터까지는 그런대로 강바닥을 걸어갈 수 있었다. 하지만 이내 고통이 시작되었다. 무릎까지 차는 물도 헤쳐 나가기가 어려운데, 강의 중심부쯤에 다다르자 물이 허벅지까지 올라왔고 물살마저 세졌다. 혼자 걷기도 어려운 상황이었다. 처음과 다르게 그녀의 몸무게가 엄청나게 무겁게 느껴졌다. 숨이 턱까지 차올라오면서 진땀이 났다. 강바닥은 울퉁불퉁 자갈이었고 발을 잘못 디뎌 넘어질 뻔도 했다. 업힌 사람의 무게는 시간이 흐를수록 천근으로 늘어났다. 그래도 하는 수 없지 않은가. 입술을 깨물었다. 급기야 발바닥 감각이 둔하다 못해 마비가 올 정도가 됐다. 한 번이라도 맨발로 강을 건너 보았더라면 이렇게 어리석은 짓은 하지 않았을 걸……. 강의 절반도 못 건넜는데 후회가 큰물처럼 몰려왔다.

결국 강 한가운데서 나는 그녀를 등에 업은 채 오도 가도 못하고 엉거주춤 서버렸다. 그러나 어쩌랴. 상대는 앳된 처녀고 난 젊은 총각이 아닌가. 강 한가운데서 비틀거리며 힘겹게 버티고 섰던 나는, 발의 통증을 완화시키기 위해 호흡을 가다듬으면서 오른발 왼발 바꿔가며, 무게 중심을 조절했다.

 내 마음을 전혀 모르는 그녀는 왼손엔 자신의 신발을, 오른손엔 내 신발을 든 채 내 등에 달라붙어 있었다. 어떻게 할까. 만약 여기서 내려놓는다면……. 옷은 물론 몸인들 성할 수 있겠는가. 이런 벽지에 발령 난 것도 실망스러울 텐데……. 물에 빠진다면 당장 되돌아가 버릴 것이다. 그렇게 되면 내 위신은 어떻게 되고 그 수치심은 어떻게 견딜 수 있단 말인가.

 정신이 번쩍 들었다. 마지막 투혼을 발휘하기로 했다. 내 스스로 응원을 보내며 발에다 힘을 주었다. 한 발 한 발 천천히 나아갔다. 수면에 비친 우리의 형상이 산 그림자와 어우러져 한 폭의 그림이 되어 일렁거렸다. 그 그림은 잔물결을 따라 흩어졌다 모이곤 했다.

 우리는 한참 만에야 겨우 강가로 나올 수 있었다. 책임을 다했다는 안도감 탓인지 힘이 빠져 쓰러질 것 같았다. 비로소 그녀의 모습이 눈에 들어왔다. 좀 전과는 달리 시골티가 묻어있는 것 같았다. 자그마한 키에 긴 얼굴, 흰 피부는 아니지만 정이 많아 보였다.

산골로 굽어 도는 길을 걸으면서 우리는 내내 말이 없었다. 뻐꾸기 소리가 그런 우리를 따라왔다. 산은 군데군데 진달래로 수채화를 그리느라 분주했다. 봄날은 그렇게 익어가고 있었다.

학교에 도착할 때쯤엔 봄 햇살이 산 그림자를 품은 채 사라지고 있는 중이었다. 집집마다 굴뚝에서 피어오르는 뿌연 연기가 더러는 지붕을, 더러는 토담을 감싸다 흩어졌다. 부드럽게 코끝에 감겨오는 냄새 또한 정겹기만 했다.

그녀는 성격이 맑고 고요했으며 행동거지가 단정했다. 마음 씀씀이가 착하여 이름대로 옥같이 느껴지기도 했다. 그녀는 학교 옆, 재실의 문간방에서 기거했다. 새벽 약수터에 다녀올 때나 방과 후 집으로 돌아갈 때면 반가운 얼굴을 한 그녀와 만날 수 있었다. 하지만 어색한 웃음만 나눴다는 걸 지금도 기억한다.

시간이 빠르게 지나갔다. 늦깎이 대학 졸업생이었던 나에게 결혼을 약속한 사람이 없었더라면 상황이 어떻게 변했을지……. 인정이 아쉬운 객지 산골학교에서 만난 그녀와 사귈 기회가 더러 있었지만 나는 의식적으로 이성적인 감정에는 명확한 선을 그었다. 그러나 순수한 그녀의 태도는 항상 좋은 느낌으로 마음에 자리 잡아 가고 있었다.

그 무렵 나는 전공을 바꾸기 위한 대학 편입관계로 바빴고, 이듬해 그 학교를 떠났다. 간혹 아침마다 약수를 나누어 마시던 그녀의 작고 뽀얀 손이 생각났지만 스쳐가는 생각일 뿐이었다.

그녀는 부부교사로 행복한 생활을 하고 있다는 걸 알게 되었다. 가족이 기다리지 않았다면 차라도 한 잔나누고 싶은 심정이었다. 간단한 안부, 그랬다. 정말 간단한 안부만 묻고 우리는 바로 헤어졌다.

그녀가 세상을 떴다는 소식을 들은 것은 성당에서의 해후 이후 수년이 흐른 어느 날이었다. 그렇게 빨리 이승을 떠날 줄 알았더라면 성당에서 만났을 때, 짧은 시간이나마 자리를 함께하며 대화라도 나눠볼 걸……. 못내 아쉬웠다. 병명도 알지 못한 채 가버린 젊음이 안타까웠다. 그녀가 생각날 때면 함께 근무한 학교가 있었던 그곳이 함께 떠오른다. 그러나 그곳도 흐르던 강조차 사라진 지 오래다. 댐 건설로 주변 모두가 물 밑으로 가라앉았기 때문이다. 학교는 물론 왁자지껄 장을 찾아다니던 사람들도, 그녀를 업고 건너던 그 강도, 그녀도, 굴뚝의 연기도, 이젠 어디서도 찾을 길이 없다.

　봄이 되면 흐르던 강, 처음 만난 여인을 업고 비틀비틀 건넜던 내 젊은 시절의 추억도 기억 속에서만 존재한다. 초로에 접어든 지금 다시 내 앞에 여인이 있고 흐르는 강물이 있다면 그날처럼 여인을 업고 건널 수 있을까. 그러고 보니 흘러간 것은 여인과 강물만이 아니다. 시간을 타고 내 젊음도, 패기도, 치기도 함께 흘러가버렸다. 그녀가 풍금소리에 맞춰 아이들과 부르던 노래가 지금도 들려오는 듯하다. 그 노랫소리를 타고 내 풋풋하던 젊은 날도, 아름다운 치기도, 봄이 오면 흐르던 강물처럼 아련한 추억의 강으로 흘러내린다.

선택

　시끄러운 음향에 귀가 아프다. 바람 춤을 추는 허수아비 인형 뒤로 '한 번의 선택이 10년을 좌우한다'는 글귀가 보인다. 어느 전자 제품의 선전 문구다. 피식 웃음이 난다. 10년이 아니라 평생일 수도 있지……, 하며 혼잣말을 해본다. 그 한 번의 선택이 일생을 좌우할 줄 그때는 진짜 몰랐다.

　봄을 맞이한 교정은 싱그러운 기운으로 가득했다. 나무들은 햇살을 받아 생기가 돌았으며 아기 젖꼭지같이 솟아오른 새순들은 훈풍을 맞으며 세상을 향해 몸을 키우고 있었다.

고등학교를 갓 졸업한 신입생들과 군대를 다녀온 학생들 사이에는 제법 깊은 세월의 골이 존재하고 있었다. 직장 생활을 경험하고 군대를 제대한 내 경우는 더 말할 필요가 없었다.

늦깎이 학생들이 벤치에 모여들었다. 당시 느티나무 아래 벤치는 늦깎이 학생들의 유일한 휴식처요 사랑방이었다. 참새의 지저귐 같은 여학생들의 발랄한 재잘거림이 들리더니 한 무리의 여학생들이 긴 머리를 출렁이며 교비가 있는 언덕을 내려오고 있었다.

"저 여학생들 중에 한 사람 선택해라. 내가 책임지고 소개해 줄게."

K가 농담 반 진담 반으로 제안했다. 난 여학생 무리 중에서도 유난히 피부가 희고 건강해 보이는 한 여학생을 찍었다. K가 잽싸게 뛰어가 갖은 제스처를 하더니 정말로 그녀를 데리고 왔다. 허술한 중국집에 그녀를 데려다 놓고 K는 유유히 사라졌다. 그것이 그녀와의 첫 만남이었다.

배고프던 시절이었지만 그녀와 마주 앉아 있으면 자장면 맛을 알 수가 없었다. 그만큼 그녀와의 대화에 열중했다. 지금은 잘 기억도 할 수 없지만 종교와 일상생활에 대한 이야기를 나누었던 것 같다. 해맑은 얼굴과 건강한 몸이 나를 사로잡았다. 꼬리를 물고 이어지는 대화의 즐거움에 시간조차 잊었다. 꿈같은 시간을 함께 보내고 헤어질 때는 다음날을 기약했다.

나의 첫 선택으로 인연이 된 그녀를 만나기 위해 강의실 앞에서 서성거리는 것이 일과가 되었다. 신록이 짙을 때는 팔공산을 오르기도 하고, 가을이 익어갈 때면 반야월 과수원 길을 거닐기도 했다.

졸업 후, 그녀는 경산으로 나는 청도로 교사 발령이 났다. 보리가 누렇게 익어가는 5월 어느 날, 해거름에 그녀의 집을 방문했다. 몇 번 편지를 주고받은 정도로만 알고 있던 그녀의 부모는 나를 보는 순간 예사롭지 않은 눈빛으로 변했다. 처음 만난 나를 홀대하는 분위기가 역력했다. 이유를 알 수 없었다.

"자네란 사람을 우리가 어떻게 알 수가 있는가."

"교제를 할 때에는 자신을 알고 해야지."

사람을 믿을 수 없다는 말과 함께 가정 형편이 어려운 집과는 결혼을 전제로 만나지 말라는 뜻이 담겨 있었다. 심지어 깡패인지 도둑인지 모르는 사람이니 우리 집 출입을 삼가 달라고 요구했다. 그 말에 자존심이 몹시 상했다.

그 시절, 교사는 인기 없는 직업이었기에 에둘러 교제를 막으려 한 것으로 생각은 되었지만, 그래도 예상 밖의 심한 푸대접에 눈물이 나올 지경이었다. 일단 그녀의 집을 물러나왔다.

칠흑같이 어두운 시골 길을 정신없이 걸으면서 마음을 달래봤지만 공허함은 잠재울 수가 없었다. 화산처럼 분출되는 울분을 삭일 수 없어 집으로도 갈 수가 없었다. 여관을 정했다. 그녀의 아버지와 다시 만나 명확한 이유라도 따져보고 그래도 안 되면 싸움이라도 하고 싶었다. 처음 만난 나에게 반가운 인사는 못 하더라도 다짜고짜로 문전박대라니……. 섭섭해 잠을 이룰 수 없었다. 이런저런 말 한 마디 들어보지 않은 채 무조건 젊은이들의 꿈을 짓밟아버리는 어른의 횡포에 대항이라도 하고 싶었던 것이 사실이었다.

새벽녘에 다시 그녀의 집을 찾았다. 이른 새벽 불청객의 방문은 그 집안을 벌집같이 들쑤셔 놓았다. 수군거리는 소리가 내 귀에도 들려왔다. 어른들은 파랗게 질리면서도 어제와 마찬가지로 나를 대했다.

"왜 또 왔어요?"

아버지의 음성에 노기가 서려 있었다.

"어제의 일이 납득되지 않습니다. 이유를 알고자 왔습니다."

되도록 차분한 태도를 유지하며 말했다. 그러자 그녀의 아버지가 화를 내며 벌떡 일어섰고, 나는 그 앞을 가로막아 섰다. 아버지와 나는 마주보고 달리는 기차가 되고 말았다.

"그 이유를 듣기 전엔 못 갑니다."

강한 항의에 그녀의 어머니도 손사래를 치며 나를 말렸다.

지금 생각하면 참으로 치기어린 행동이었다. 내 딸이 결혼을 전제로 '홀어머니를 모시고 셋방에서 살고 있는 어려운 형편의 남자와 교제한다면' 나 역시 그러했으리라.

난관이 많았지만 나의 선택을 지키기 위해 굽히지 않고 노력했고, 우여곡절 끝에 결국 우린 결혼을 했다.

처갓집 어른도 이미 세상을 떴다. 세월이 흐르니 그렇게도 반대했던 어른의 생각도 이해가 되었다. 성장한 아들딸도 이미 내가 아내를 선택하던 그 나이를 넘어섰다. 젊은 날, 느티나무 아래서의 그 선택은 갈등이 필요 없었다. 한눈에 들어오는 그녀였기에 선택은 쉬웠지만, 아니 선택만 쉬웠지 맺기는 어려웠고, 동행은 더 쉽지 않았다. 이해와 포용을 요구했다. 오죽하면 전쟁에 나갈 때는 한 번 기도하고, 배를 타고 풍랑을 만나면 두 번 기도하며, 결혼을 할 때는 세 번을 기도하라는 말이 있을까. 아내도 나를 만나 어렵게 살아오느라 숱한 시련을 경험해야 했다.

벤치에 앉아 운명처럼 해버린 '순간의 선택'이, 10년이 아니라 평생을 좌우하여 아직도 우리는 그 안에서 울고 웃으며 기대어 살고 있다.

선택은 어렵다. 그보다 더 어려운 것은, 자신이 한 '선택'에 대해 책임지는 일이요, 그 과정에서 새로이 생기는 수많은 갈등들을 해소하기 위해 또다시 수없는 선택을 계속해 나가야만 하는 것이다. 선택을 잘하기 위한 비결이나 정답은 없는 듯하다. 매순간 자신의 삶에 최선을 다하는 수밖에.

그루터기

   참나무인 것 같다. 허리가 부러지고 뿌리조차 밖으로 드러난, 그야말로 만신창이가 된 그루터기를 만났다. 가파른 산 정상 언저리에 뿌리내린 터라 밤낮없이 바람을 맞았나 보다. 하필이면 이런 곳에다 터를 잡다니, 그 운명이 안타깝기만 하다.
   그루터기는 내가 산을 오를 때마다 친숙한 벗처럼 손을 내민다. 그를 의지해 가쁜 숨을 잠재우거나 새벽하늘의 청량함을 맛본다. 망가진 몸으로도 내 산행을 도와주는 그루터기를 보면서 오래전의 한 친구를 떠올린다.
   '70년대 초입이지 싶다. 서문시장 입구 대로변에는 유난히 보석상이 많았다. 결혼을 앞둔 무렵이었다. 시골 사람들에게는, 사람 됨됨이를 예물의 많고 적음으로 평가하는 경향이 있음을 알고 있던 나는, 그것이 허세인 줄 알면서도 다이아몬드 반지 한 개쯤은 아내 될 사람에게 선물하고 싶었다. 그러나 가뭄에 소낙비 바라는 것보다 돈 구하기가 더 어려울 때였다. 궁하면 통한다더니 섬광처럼 뇌리를 스치는 한 생각이 있었다.

금은방에 취직해 있는 고등학교 동기생 친구를 찾아갔다.

"곤아. 저 진열대에 있는 다이아 반지 나 좀 빌려 주라. 결혼식 마치고 곧 돌려줄 테니."

말을 마치고 진열대 위의 거울을 보니 얼굴이 홍당무가 되어 있었다. 급히 진열대로 시선을 돌렸다. 보석들이 발하는 광채가 여러 갈래로 퍼져나가 흐릿하게 반짝이고 있었다. 나는 눈을 껌벅거렸다. 이왕지사 빌리는 것, 그 중 값나가는 것을 요구했고, 친구는 주인 앞에서 보증을 섰다.

혼수 목록 첫 칸에다 '다이아 반지 1캐럿'이라고 큼직하게 적었다. 젊은 시절의 치기, 빛 좋은 개살구 꼴이었지만 사연을 모르는 시골에서는 구경하러 온 사람마다 눈이 화등잔만 해졌다고 한다.

신혼여행 길 기차 속에서 계속 손을 보며 반지를 쓰다듬는 아내에게 차마 꺼내고 싶지 않은 말을 하고 말았다.

"그 반지 어서 빼. 흠집 내면 큰일이거든. 돈 주고 산 게 아니고 잠시 빌린 거야, 돌려줘야 해."

아내의 눈이 놀란 토끼처럼 휘둥그레졌다. 침묵이 흘렀다. 한참 후 아내가 반지를 건네주었다. '그러면 그렇지, 애초부터 의심스러웠어, 사는 형편을 손바닥 보듯 알고 있는데……' 하는 것 같았다. 말없이 고개 숙이고 있는 아내에게 훗날 더 좋은 반지를 해 주겠다는 말로 마음을 달랬다.

아내로부턴 이해를 받았다 하나 우린 고민에 빠졌다. 가방 속에서 잠자고 있는 다이아몬드 반지를, 그것도 1캐럿이나 되는 것을 혹시 다른 사람이 통째로 훔쳐 가면 어쩌나 전전긍긍했기 때문이다. 평생을 벌어도 모시지 못할 귀중한 손님과 함께 있다는 사실은 더없는 영광이었으나 도대체 깊은 잠을 잘 수가 없었다. 무거운 봇짐 지고 산을 오르는 것처럼, 삿대도 없는 배로 강을 건너는 사람처럼 안절부절못했다. 밥 먹을 때도, 화장실에 갈 때도, 산책을 하거나 술을 마셔도 반지가 있는 가방에서 눈을 떼지 못했다. 분수에 넘치는 물건을 갖는 것이 얼마나 짐이 되는가를 깨닫는 순간이었다.

당시로선 웬만한 집 한 채 값을 웃도는 보석을 선뜻 보증 섰던 친구인들 제대로 잠을 잘 수 있었겠는가. 나를 믿고 이해해 준 친구는 세월이 지나도 마음속 그루터기로 여전히 남아 있다.

결혼생활이 어언 삼십오 년을 훌쩍 넘어섰다.

아직도 약속한 다이아몬드 반지는 사주지 못했다. 하지만 우리들 사이에서 태어난 아들, 딸들이 영롱한 빛을 발하는 보석으로 곁에 머물고 있다. 그 광채 역시 힘들 때마다 위안을 주는, 우리 부부의 마음속에 살아있는 보석이다. 그루터기다.

어느새 새벽달이 하얗게 바랜 얼굴로 인사를 한다. 엷은 안개가 밀려나고, 바람의 입김에 씻겨 온통 말쑥한 초록 얼굴이 된 산이 다가온다. 그 산속, 외롭게 서 있던 그루터기도 내 속으로 뚜벅뚜벅 걸어 들어온다. 가슴 가득 정이 차오른다.

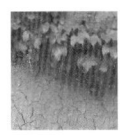

터

  돌과 돌의 틈새를 이용하여 만든 절이 있다. 일명 '돌구멍 절'이라 불리는 중암암이다.
  은해사 말사인 중암암은 팔공산 자락의 바윗돌이 어우러지고 경관이 빼어난 곳에 자리 잡고 있어 그곳을 찾는 사람들의 감탄을 자아낸다. 불심을 가지지 않고는 부처님에게 다가서기가 어렵다는 걸 깨닫게 하기 위함인지 절에 이르는 길부터가 만만치 않다. 거대한 바위들이 뒤엉키면서 생긴 좁은 틈, 그것이 길이다. 중암암을 가려면 그 돌 틈을 통과해야 하고, 돌 틈을 통과하려면 체격이 왜소한 사람이라도 가재처럼 옆으로 걸어야 하는 수고로움을 대가로 치러야 한다.

돌구멍절 근처에서 상상을 불허하는 작은 소나무를 만났다. 바로 바위 위에 서 있는 소나무다. 왜 하필이면 돌 위에 보금자리를 마련했는지 알 수가 없다. 반죽한 밀가루를 홍두깨로 밀어 놓은 듯 둥글넓적한 반석 가운데쯤에 꽂힌 듯 서 있는 나무가 신기하기만 하다. 물 없는 곳에서 나무가 산다는 것은 공기 없는 곳에서 사람이 사는 것과 같지 않은가. 먼지까지 합쳐 봤자 한 줌도 되지 않는 흙을 움켜쥔 채 뿌리를 돌 속 깊이 박고 서 있다. 물을 찾기 위해 얼마나 힘들게 단단한 돌 속을 파고들었을까. 그 뿌리가 흘린 피와 땀이 눈으로 본 듯 선하다. 처절한 생존경쟁이다. 그래서 불가에서 '산다는 것 자체가 고통이다'라고 한 것이 아닐까.

애련한 감정이 들어 그를 어루만져 본다. 그는 몸을 지탱하기 위한 수단으로 적은 양의 솔잎만을 남긴 채 낮은 키를 유지하면서도 전쟁터에 나가는 병사처럼 늠름하게 서 있다.

씨 뿌리는 사람에 비유한 마태복음의 한 구절이 생각난다. 신은 인간에게 선택권을 주어 자기 스스로의 의지에 따라 기름진 땅과 돌밭, 가시덤불을 택할 수 있도록 했다. 행복에 대한 자유를 주고 있는 셈이다. 그런데 돌 위에 삶의 둥지를 틀고 있는 저 소나무는 왜 하필 저 척박한 곳을 선택했을까. 태어난 곳은 자기의 운명이 결정되는 장소란 걸 몰랐을까. 그러나 그는 불평 한마디 없이 의연하게 살아내고 있다. 개나리와 진달래가 예쁜 옷을 입고 봄의 향연을 벌여도 혹하지 않는다. 산새가 울어도, 바람이 귓가를 간지럽혀도 표정을 바꾸지 않는다. 더위와 추위 따위에 초연해진 지는 이미 오래다. 겉멋 따위는 생각도 할 수 없다. 오직 살겠다는 의지 하나만으로 욕심 버리고 물기 찾아 팔을 뻗는 그에게선 오히려 기품이 느껴진다.

직물공장 사장 아들인 친구 K의 모습이 떠오른다. 소위 좋은 터에 태어난 셈이다. 찢어진 고무신조차도 아끼기 위해 어머니께서 실로 꿰매어 주시던 시절, 그는 발목까지 올라가는 붉은 장화를 신고 있었다. 황톳길이 뽀얀 먼지를 몰고 다니던 신작로는 요즘처럼 장마철이 찾아오면 질퍽한 흙탕으로 변했다. 고무신을 신고는 그 길을 걸어갈 수 없었다. 흙이 찰떡처럼 변하여 고무신 바닥에 척척 달라붙는 것은 흔히 있는 일이고, 신이라도 벗겨지는 날이면 발과 양말은 진흙 범벅으로 변했다. 운이 좋은 날이라도 집에 돌아오면, 짚이나 막대기 등으로 신발 밑바닥에 붙어있는 진흙을 파내야 했다. 물 고인 곳은 지나갈 엄두도 낼 수 없었다. 장화 신은 친구들이 부러웠다. 꿈속에서 장화를 신고 온 동네를 돌아다녀 보는 경험까지도 했으니까 말이다. 고등학교 등록금을 마련하지 못하여 어머니가 속을 태울 때, 친구 K는 오토바이 경주에 참여했다. 그런 것을 보니 처음부터 나무가 기름진 땅에 뿌리를 내리면 쑥쑥 자라듯이, 인간 사회에서도 탄탄하게 기반을 잡은 집에서 태어나면 쉽고 편안하게 뿌리내릴 확률이 월등히 높을 것 같다.

　어린 시절의 일들이 낡은 흑백사진같이 희미하게 빛바래져 가고 있던 어느 날, 우연히 그를 만났다. 나이보다 십 년이나 더 늙어 보이는 얼굴이었다. 그의 신발에 눈이 갔다. 강물처럼 흘러가버린 세월이지만 내 잠재의식 속에는 어린 시절 그가 신었던 장화가 그 친구보다 더 선명하게 저장되어 있는지도 모른다. 그의 구두는 물에 젖은 것을 그대로 신은 것처럼 광기도 없고 구겨져 있었다. 그 순간 오랜 세월 내 속에 존재하고 있던 그 무엇이 산산조각 나버린 느낌이 들었다. 나에게 그의 장화는 단순한 장화가 아니었다. 부러움이었고 꿈이었고 소중한 보물이었다. 그런데 그것이 날아가 버린 것이다. 아쉬웠다. 전류처럼 전신으로 퍼져 나가는 야릇한 생각, 어쩌면 마음 한가운데 늘 간직하고 있던, 원하던 것이 사라지고 말았다는 허허로움 같은 것이기도 하리라.

선술집에 들렀다. K는 화재로 직물공장을 모두 태우고 설상가상으로 최근에는 주식투자로 자신의 전 재산뿐만 아니라 친척집에까지도 손실을 끼쳤다는 이야기를 했다. 드라마 같은 삶을 산 그의 얼굴에서 패기 있던 옛 모습은 어느 구석에서도 찾을 수 없었다. 좋은 환경에서 자라난 사람이지만 휘몰아치는 비바람에는 쉽게 무너질 수 있다는 것을 깨달았다.

우리는 언제나 훌륭한 터에 자리 잡고 사는 사람을 부러워한다. 자신이 처한 환경을 탓하지 않는 사람이 없을 것 같다. 작은 시련이라도 찾아오면 사회를 탓하고 정치를 탓하며 조상까지 들먹거린다. 그도 모자라면 온통 세상이 자기를 외면한다며 불만덩어리를 키우거나, 우울증에 시달리거나, 자해를 하는 사람들이 수없이 많다. 지금 이 시간에도 방황하는 노숙자나 어려움에 시달리는 사람들은 바위틈에 뿌리를 내리고 삶을 의연하게 살아가는 그 나무를 생각해 볼 일이다. 하루하루 절박한 삶을 살아가지만 불평보다는 묵묵히 자신의 삶에 충실하고 있는 그 나무에 비해 우리는 얼마나 허약하고 얼마나 허영투성이인지…….

마부작침(磨斧作針)이란 말이 실감난다. 도끼를 갈아 바늘을 만드는 것같이 아무리 힘들고 불가능해 보이는 일이라도 꾸준히 노력하면 결국 이루어질 수 있다는 것, 작지만 큰 그 소나무를 보고 배운다.

물려받은 터에서보다 '어려움을 이기고 스스로 만들어 가는 터'에서 훨씬 더 견실한 삶을 가꿀 수 있다는 사실을 새삼스럽게 확인한다. 저 소나무가 증명해 주고 있지 않는가.

세월이 흐를수록 뿌리는 더욱 더 땅 밖으로 불거져 나오고 가지는 땅과 수평으로 길게 눕겠지만, 그 어떤 풍상도 이겨낼 위풍당당한 만년송이 되리라.

세월의 멱살을 잡고

　사람을 꽃으로 비유하여 일컫는 때가 있다.
　꽃이 여러 가지 빛깔로 화려함을 펼치며 고유한 향을 뿜어내듯이 사람도 나름대로 독특한 특성을 드러내며 삶을 꾸려가기 때문이다. 그 중 하나가 각기 다르게 타고난 목소리가 아닐까. 자기의 뜻을 독특한 음색으로 엮어내는 것은 사람만 가진 것은 아닌 것 같다. 깊은 산속 외진 길섶에 숨어 있는 이름 모를 풀벌레도 소리로 자신의 존재를 나타내며, 심지어 바람에 나부끼는 들풀도 몸을 비비며 그들만이 가지고 있는 언어로 대화를 할 것 같다. 귀 기울이면 그들의 사연을 알아들을 수 있을 것도 같으니 말이다.

우연한 기회에 친구 K의 누나 소식을 들었다. 강산이 여러 번 바뀐 세월을 보내고도 어쩌면 다시 만날 수 있을지도 모른다는 기대에, 소풍을 앞둔 어린 학생마냥 마음이 설레기 시작한다. 각인된 증명사진 같은 그의 얼굴이 아직도 가슴 한가운데에 머물고 있다. 사십오 년, 달음박질치듯 달려온 길을 되돌아본다. 지난 일들이 뇌리를 스쳐간다.

'60년대 초, 시골에서 올라온 친구 K는 누나의 도움으로 셋방에서 생활하고 있었다. 나는 낮 동안 아르바이트를 하다가 저녁나절이면 야간부 수업에 맞춰 K의 집을 방문하곤 했다. 친구와 함께 학교 가는 기쁨보다는 저녁식사 대접을 받을 수 있으리란 기대가 더 컸기 때문이다. 적산가옥의 부엌 딸린 방, 조용히 방문이 열리면 밥상을 들고 환하게 웃는 누나의 모습이 거기 있었다. 누나는 수련같이 은은한 기품을 지니고 있었다.

"우리 저녁을 함께하자."

언제나 반가운 누나의 음성이었다. 수저를 내 손에 쥐어 주곤 하던 누나의 그 마음, 그 속에서 나는 포근한 고향 누나의 정을 느끼곤 했다. 저녁을 거르고는 밤늦게까지 이루어지는 야간부 수업을 견디기 어렵다는 걸 누나는 알고 있었던 것이다. 내가 갈 때마다 과일이랑 여러 음식을 내놓았다.

옥구슬같이 굴러 나오던 그 목소리가 지금도 귓가에 들리는 듯하다. 세상에서 어떤 악기가 맑고 부드러운 누나의 목소리를 흉내 낼 수 있을까. 나를 배려해주던 따뜻한 그 마음은 지금도 잊을 수 없다. 옛 모습을 떠올리면서 아직도 마음 한가운데 자리하고 있는 누나의 얼굴을 그려본다. 세월의 무게를 견디느라 모습은 어떻게 변해 있을까.

잠시 고등학교 시절로 되돌아가버린 마음을 잠재우며 전화기를 들었다. 매우 나이가 든 여인의 목소리가 들렸다. 직감적으로 누나라는 사실을 알 수 있었다.

"여보세요, 누나 맞나요?"

신분을 밝히면서 반가움에 누나 이름을 크게 불렀다.

이상한 정적이 감돌더니 갑자기 전화가 끊어졌다. 이상하다 싶어 재발신 신호를 보냈다. 그런데 전화선을 타고 오는 대답이 엉뚱하다.

"누고? 뭐라고? 뭐라카는지 난 모르겠다."

낯선 음성이 전화기를 통해 계속 흘러나왔다.

몹시 당황스러웠다.

전화기를 통해 흘러나오는 것은 기억 속에 있는 지난 시절 누나의 목소리가 아니었다. 계속 같은 말만 되풀이 했다.

"뭐라캤노……? 무슨 말인지 모르겠다. 당최 들려야 말이지."

옆 사람에게 전화기를 넘겨주는 소리가 들렸다. 그제야 당황스러운 현실을 이해할 수 있었다.

70대 노인인 누나……, 노인성 난청으로 듣지 못하는구나…….

그날 다른 사람이 통역해 주어서 겨우 안부를 물을 수 있었다. 너무 많은 것이 변해 있었다.

'고장 난 벽시계'라는 대중가요가 생각이 난다. 요즘 노래교실에 빠지지 않는 단골 메뉴다.

/ 세월아 ~ 너는 어찌 고장이 없느냐/ 한두 번 사랑 때문에 울고 났더니 저만큼 가버린 세월…~

흘러가는 삶을 부여잡고 싶은 중년 부인들이 현실세계를, 현재를 부정하는 몸부림의 소래다. 노랫말을 봐도 '젊음이 가는 것을 안타까워하는 마음의 하소연'이 담겨 있다. 세월을 붙잡고 매미처럼 한바탕 울어 외치는 그들의 노랫소리가 안타깝고 애처롭다. 가버린 세월을 그리워하며 청춘에 대한 아쉬움을 담아 보지만 그 목소리에 진한 허탈감이 묻어 있기 때문이다.

　사람의 목소리에 세월이 담기는 것이야 어쩌겠는가. 말린다고 세월이 안 가고, 목소리에 안 담길까. 하지만 오늘 전화기를 통해 들은 그 둔탁하고 느리고 쉰 듯한 할머니의 목소리가 바로 지난날 옥구슬 같던 누나의 목소리라니……. 누나의 세월도 '고장난 벽시계'처럼 고장나 버리면 좋겠다. 왜 고장나서 멈춰 있지 못하냐고, 강물처럼 흘러가기만 하고 돌아오지 못하느냐고, 팔을 걷어붙이고 세월과 한바탕 싸움이라도 하고 싶다.

(2008.5.26 대구일보)

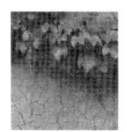

흰 연산홍과 놀다
- 하늘에 간 친구 P에게

　밤늦게 집에 가는 길이었다네. 모처럼 술 한 잔 걸치고 아파트 화단을 지나고 있었지. 그때였어. 하얀 옷의 천사를 만난거야. 흰 연산홍 꽃이었다네. 어두움 속에서도 얼마나 환하던지. 나를 향해 씽긋 웃기까지 하더군. 하마터면 와락 껴안을 뻔했지 뭔가. 그런데 말야. 가만히 보니 흰 꽃 속에 보이는 얼굴, 바로 자네였어.

"이렇게 늦은 시간까지 마셨군."
"그래, 나 오늘 좋은 일이 있어 한 잔 했지."

　비틀거리며 다가가는 내가 위태로워 보였는지 얼굴빛이 파리해지더군. 향이 포옹이라도 하듯 코끝에 맴돌아 자네의 체취가 몰려오는 듯하였다네.

참 아름다운 사람아. 우린 수시로 고스톱게임 즐기는 일 외에도 낚시회와 산악회 멤버로 활동했지.

삼십여 년의 시간, 돌아보니 꿈결같이 스쳐가고 없네.

매달 등산모임 때면 건강이 좋지 않던 자네가 비지땀 흘리며 산을 오르곤 했는데 그 모습이 지금도 보이는 듯하네. 어느 해던가, 우린 설악산 대청봉으로 갔지. 그래도 젊음이 조금은 남아 있던 시절이었지, 시원한 공기, 맑은 계곡물, 기묘한 형상의 바위들, 절벽 위에 두려움 없이 곧게 자라고 있는 소나무, 새들의 지저귐……, 기억이 나는가. 그 신비롭던 자연의 모습들……. 건강이 좋지 못한 자네의 고통은 미처 생각 못했지만 말야.

결국 자네가 쓰러져 산행을 포기하고 소청산장에서 밤을 지냈지. 자네도 생각나지? 그날 밤 남녀 구분도 없이 뒤섞여 산행복장으로 잠을 자지 않았나. 푹푹 찌는 더위 때문에 잠을 잘 수가 없었잖아. 화장실이 급했던 H가 어둡고 좁은 공간에서 L부인의 발을 밟은 일이 있었지. 찢어질 듯한 비명소리에. 애써 청한 잠 다 쫓아버리고 한참을 웃었는데 그것이 이미 빛바랜 추억이 되고 말았군.

"내 덕분에 산장 구경도 하고 외간여자 발 밟는 추억도 만들었네." 하며 너스레를 떨던 모습이 아련히 떠오르네.

　낚시도 자네가 참 좋아했지. 하지만 물고기를 잡기보다는 푸른 물에 낚싯대 드리우고 여가 즐기는 것을 좋아했다는 게 옳겠지. 낚시대회 성적은 늘 내가 꼴찌이고 자네가 그 뒤를 이었으니 말일세. 물고기를 잡는 것에 대해 욕심을 가진 것이 아니라 세월 낚는 자체를 즐기던 자네야 말로 진정한 조공이었네. 죽을 때 관 속에 낚싯대 넣어 달라는 유언을 하겠다는 자네가 아닌가. 하늘나라에서도 여전히 낚시를 즐기는가.

　우린 고스톱도 무척 즐겼지. 주로 자네가 돈을 잃었지 말야. 간혹 지폐 몇 장이라도 따면 돈으로 가지런하게 부채꼴 모양으로 만들어 흔들어대곤 하던 게 눈에 선하네. 천진한 미소로 승리의 세레머니를 즐긴 후 딴 돈 중 지폐 한 장을 빼놓고는 모두 되돌려 주었지. 법 없이도 살 수 있는 자네를 허무하게 떠나보내고 난 후 아쉽고 허전한 마음 가눌 수 없었는데 오늘 이렇게 자네를 만났구먼.

　얼마동안 머무를 지 정확히는 모르겠으나 이 봄이 갈 때까진 들며날며 자네를 볼 수 있으니 적당한 날 소주라도 한 병 사들고 옴세.

이 봄 가도 내년 봄 돌아오듯 언젠가 우리도 만날 날 있겠지만, 이 못난 친구 보고 싶어 기다리지 못하고 이리 고운 모습으로 찾아 줬으니 어찌 발길이 떨어질 수가 있겠는가.

너털웃음이 그립다
- K의 명복을 빌면서

그가 사망했다.

낯선 이국에서 맞이한 죽음, 귀국을 앞두고 심장마비가 왔다. 사업 부도로 낯선 땅에까지 가게 된 그가 싸늘한 시신으로 고국에 돌아온다는 것이다.

오랜 세월을 함께 낚시하며 만난 그가 떠나갔다니 허망하기 짝이 없다. 그와의 추억이 한 폭 그림이 되어 내 마음의 벽에 걸린다. 말할 수 없는 무거움. '추억이 강물처럼 밀려온다'는 말이 무슨 말인지 실감난다.

1990년을 기념하는 구공낚시회가 발족되었다. 첫 모임 장소가 그의 집이었다. 그날 그는 회원들에게 물고기를 대접하기 위해 소쿠리 가득 붕어를 내어왔다. 순간 걱정이 앞섰다. 저 많은 걸 어떻게 하려나……. 하지만 기우였다. 그는 익숙한 솜씨로 붕어를 손질하고, 튀기고, 조청 넣은 양념으로 마무리를 했다. 일품요리가 되었다. 머리에서 꼬리까지 바삭바삭 씹어 먹을 수 있는 붕어과자, 맛이기가 막혔다. 영양이 듬뿍 들어있는 술안주로 거나하게 술을 마셨다. 고소한 붕어튀김으로 시작한 그와의 첫 만남 이후 우리는 십여 년을 함께 낚시를 다녔다.

해마다 3월이 오면 못 둑에서 그 해의 시조회를 가졌다. 한 해 동안의 안전과 어복이 있기를 비는 관습인데, 지난해 우리가 잡은 물고기들과 올해 잡을 물고기들의 영혼을 달래는 의미도 함께 지니고 있다. 삶은 돼지머리와 제수용품을 차린 상 앞에서 회장인 그가 술을 치고 절을 했다. 우리도 빠짐없이 그 뒤를 따라 예를 갖추었다.

4월에 접어들면 밤낚시를 즐기곤 했다. 고기들은 낮보다 밤나들이를 더 선호하는 것 같았다. 하지만 넓은 못에서 한 점 미끼를 향해 달려드는 고기와 조우한다는 게 어디 쉬운 일인가. 입질이 없을 때는 망중한을 즐기면서 그의 이야기를 들었다. 주로 낚시를 하면서 겪은 월척 경험담이나 시사 문제, 심지어 낯선 곳에서 낚시할 때 주민들과의 갈등을 해결한 일 등 구수한 이야기들이었다. 그래서인지 지루한 줄 모르고 밤을 보냈다. 이야기 도중에도 찌가 움직이면 이내 숨죽이며 긴장하곤 했다.

밤이 이슥할 때를 기다린다. 그러면 대어가 오기 마련이다. 그 때의 손맛을 보기 위해 밤을 꼬박 새운다. 새벽 별들이 하얗게 빛을 바래 갈 때면 밤새 잡은 물고기를 망태에 넣는다. 그렇게 망태 안에서 퍼덕이는 물고기를 보며 하루 대회를 마감했다.

인간은 늘 더 큰 욕망을 향해 달리는 존재인지도 모르겠다. 사업가로서의 원대한 꿈을 가지고 그는 고향에 넓은 땅을 구입하여 공장을 설립했다. 시골 공단의 신화가 계속되던 그즈음, 주 품목인 '꿀떡 호떡'은 날개 돋친 듯 팔려나갔다.

호사다마라 했던가, 예기치 못한 불행이 찾아왔다. 공장에 불이 나고 종업원이 사망했다. 설상가상으로 고향 사람들도 그의 공장에서 나오는 폐수가 하천을 더럽힌다며 고소를 했다.

그는 하루아침에 부도가 났고 사람들 앞에서 사라졌다.

낚시 모임에서도 그를 볼 수 없었다. 끼니조차도 어렵다는 것을 알고 낚시회에서 모금을 하기도 했다.

그가 중국에서 설탕 대리점과 화장품 관련 일을 하고 있다는 소식을 들은 것은 그로부터 많은 시간이 흐르고

난 후였다. 고국에서 실패한 사업을 만회하기 위해서 칠팔 년 동안 열심히 일했던 것이다.

그는 천성적으로 의협심이 강했다. 이국에서도 어려운 동포들의 일을 자기 일처럼 도와주어 신뢰를 얻었고 대인관계도 무척 좋았다고 한다. 그런 노력의 결과 재기에 성공하여 기반을 넓혀가고 있는 중이었다. 신년엔 아들 내외를 불러 후계구도를 논의할 계획이었다. 귀국하여 그동안 신세진 사람들을 모아 모임을 열 계획도 하고 있었다. 그랬는데 낯선 이국땅에서 숨을 거두고 말았다니……. 이리 허무하게 유명을 달리할 줄은 생각도 못했다.

영욕의 시간을 뒤로하고 그가 한 줌의 재가 되어 고국에 돌아왔다. 대학병원 영안실, 그의 이름이 선명하게 눈에 들어온다. 아직은 이곳에 올 사람이 아닌데 싶어 더욱 안타깝다. 우리 일행을 맞이한 부인의 통곡을 들으면서 향불을 앞에 두고 웃고 있는 영정을 바라본다. 오늘도 월척 낚았다고 너털웃음을 터트린다. 빈소에서 물러나는데, 회원들의 건강과 어복, 심지어 물고기들의 명복까지 빌던, 뱃사람같이 우직하던 그가 눈앞에 어른거린다.

잘 가게 친구.

생성과 소멸은 공존할 수 없다

 더위가 마지막 몸부림을 치고 있다. 폭염주의보가 발효된 가운데 찾아온 가을 소식이 반갑지만은 않다. 하지만 절기상 입추(立秋)다 보니 때를 잊은 더위가 그대로 있는데도 계절은 가을로 접어드나 보다. 한증막 같은 더위 가운데서도 이처럼 간혹 불어오는 시원한 바람을 맞으면 절기가 교차 시점에 와 있음을 직감한다.
 그런데 요즘은 무더위든 혹한이든 서두르지 말고 절기가 천천히 바뀌기를 바란다. 나이 든 탓일까. 종착역을 향한 삶이 지름길로 고속 주행하는 것 같은 착각이 들어 여름이 물러가는 것조차 적이 겁난다.

사람들이 잘 가지 않는 밤 시간을 택해 노인복지센터 요양소를 찾았다. 흐릿한 전등불 아래의 D요양소는 창틀에 달린 장난감 모빌이 선풍기 바람을 따라 움직이는 소리 외에는 조용하기만 했다. 적막감이 병실 안을 감돌았다. 물병을 갈고 밀대로 바닥 청소를 했다. 발자국 소리도 조심스러웠다. 초저녁이건만 잠을 청하는 어르신들의 뒤척임과 숨소리가 잦아들고 있어 작은 바스락거림도 신경이 곤두섰다.

어르신들은 침대 위에서 마냥 눈을 감고 있었다. 무슨 생각을 하고 있는 것일까. 간혹 신음 소리가 귀를 스쳤다.

기억의 끈을 놓친 어르신들은 오히려 편안해 보이기까지 했다. 유치원 어린애처럼 수발 1급, 2급 이름표를 달고 있었다. 이름표 밑에 적힌 나이는 숫자에 불과했다. 체념과 순응, 나아가 인생에 달관한 것 같은 모습들이었다. 그들의 생활 반경은 오로지 침대뿐이다. 그곳이 유일한 놀이터고 잠자리이며 식사하는 곳이다.

대부분의 어르신들은 다른 사람의 도움 없이는 신변처리를 할 수 없는, 중풍이나 노인성치매 환자들이다. 가끔은 원인을 알 수 없는 질병이나 퇴행성관절염 등을 앓는 환자도 보였다. 그래서인지 대부분의 어르신들은 갓난아기처럼 기저귀를 차고 있다. 그러고 보니 기저귀는, 인간과 참으로 긴밀한 관계를 가진 물건이다. 생명의 첫 무대에서 만난 그 기저귀가 이처럼 마지막 길에도 동행을 하고 있으니 말이다. 겨울을 보낸 철새들이 고향을 찾아가기 위해 비상을 준비하듯 세상에 태어나 자기 몫을 다하고, 이제 영면을 앞두고 숨고르기를 하고 있는 그들이 아닌가. 측은했다. 이가 빠져 아래턱이 위로 올라와 입술을 움직일 때마다 얼굴이 작아 보이는 노인들, 이 방 저 방 정물화처럼 누워있었다. 하염없이 허공을 바라보는 눈 또한 촉촉하고 서러워 보였다. 무엇이 서럽게 만드는 걸까. 어쩌면 서러움이 아니라, 고생은 했지만 아름다웠던 젊은 날에 대한 그리움이 저렇듯 번지고 있는 것인지도 모르겠다.

 젊은 시절, 패기 있던 그 시절이 한 번만이라도 다시 돌아오면 좋겠다. 저들에게 꿈과 희망과 용기를 한 번만이라도 되돌려주면 안되겠냐면서 투정 같은 기원을 해보기도 한다.

 문득 도연명의 시 한 구절이 생각난다.

 盛年不重來 한창 때는 다시 돌아오지 않고

一日難再晨　하루의 새벽은 돌아오기 어려우니
及時當勉勵　때를 맞추어 힘써야 함은
歲月不待人　세월이 사람을 기다려주지 않기 때문이다.

세월이 흐르는데 변하지 않는 것이 어디 있으랴.
생성과 소멸은 공존할 수 없다.
언젠가는 너도 나도, 새로 오는 자들에게 자리를 내줘야 한다. 그러기 위해 우린 우리만의 내일을 준비해야 한다.

제Ⅱ부

정서情緒 엿보기

소통의 힘
정서조절코드
시샘의 두 얼굴
마음 다스리기
사랑, 그 달콤하고 힘나는
긍정의 시작
애착과 집착의 경계
노래 부르기

정서 엿보기 · 1
소통의 힘

가을 장마인가 보다.

수시로 내리는 비가 마음을 우울하게 했다. 계절을 잊고 내리는 비를 보니 흡사 낯선 사람이 추적거리며 따라오는 것 같아 섬뜩한 기분마저 들었다.

날씨 탓인가. 이웃집에서 부부싸움이라도 하는 모양이었다. 험악한 말소리가 베란다를 타고 넘어왔다. 금방이라도 사생결단을 낼 것같이 살림살이가 부서지고 고함소리가 뒤엉켰다. 한동안 잠잠하기에 끝났나 보다 하는데 이번엔 여인의 비명소리가 들렸다. 그러다가 다시 조용해졌다. 그런 상황이 몇 차례 반복된 후 오래도록 정적이 감돌았다. 아마도 휴전이 무사히 성립된 게다.

다음날 길에서 그 부부와 마주쳤다. 표정 어디에도 밤새워 싸움을 한 흔적이 없었다. 잉꼬부부처럼 다정하게 '외출하는 중'이란다. '인생은 한 편의 희극'이란 유명한 소설가의 말이 떠올라 웃음이 나왔다. 서로 다투고 화해하는 마음 이면에 숨어있는 감정의 뿌리는 무엇일까. 미운 정, 고운 정이 듬뿍 들어 숙성되어 나오는 사랑, 다툼은 사랑의 발효 과정에서 생기는 거품 같은 것이 아닐까. 비록 뜻이 달라 싸웠지만 내면에는 상대에 대한 사랑과 기대가 깔려 있음이 틀림없는 것 같다. 성장과정이 다른 두 사람이 만나 살면서 상대방을 이해하기란 어렵다. 상대방과 공유하는 마음을 가지기 위해서는 소통이 필요하다. 마음과 마음을 연결하는 소통은 말로 이루어지기 마련이지만, 때로는 말없는 눈빛으로 이루어질 수도 있다. 사랑의 정서가 촉촉이 깔려 있다면 가능하지 않겠는가.

이국의 전쟁터에서 만난 베트남인이 기억난다. 그 당시 우리는 길을 잃고 방황하던 중이었다. 우리 일행에게 길을 안내하려고 했지만 우린 선뜻 그를 믿을 수가 없었다. 목숨이 걸린 문제였지만 간단한 월남어조차도 모르는 탓에 의사소통이 불가능했다. 따라서 그 어떤 거짓말을 해도 모를 판이었다. 외모로 봐서는 민병대원인지 베트콩인지 구별이 모호했다. 하지만 그의 눈은 말하고 있었다.

내 말을 믿고 따라요.

호의를 가진 진심어린 눈, 그 눈빛이 하는 소리 없는 말을 믿기로 했다. 결국 우리 일행은 그의 도움으로 위기를 넘겼다. 그때 알았다. 눈은 진실을 담고 있으며 소통의 영역에 있다는 것을.

남녀 간에도 소통의 부재는 문제가 된다. 사랑하기 때문에 헤어진다는 말을 더러 듣게 된다. 사랑하기 때문에 헤어진다는 논리다. 진정으로 사랑한다면 밤낮으로 함께하는 기쁨을 나누고자 하는 것이 보편적인 사람들의 바람일 것이다. 그러니 평범한 사고를 가진 나 같은 사람은 이해되지 않는 말이다. 이 경우에도 소통이 문제인 것 같다.

얽히고설킨 마음의 고랑엔 항상 굴곡이 있다. 사람의 정서 또한 고정된 것이 아니다. '사랑하기 때문에 헤어진다'는 이러한 이별은, 혹 서로의 행복을 위해 자신의 마음을 잘 들여다보면서 상대의 입장을 헤아리려는 노력이 없었거나 부족했던 사람들의 변명이 아닐까.

요즘처럼 경제적으로 어려운 시기에는 부드러운 말 한마디가 천군만마보다 더 큰 힘을 발휘할 수도 있다. 진심이 담긴 부드러운 말이나 눈빛, 진심어린 손길, 마음가짐은 상대를 평온하게 하고 사회를 희망이 있는 쪽으로 이끈다. 진심은 전달이 잘되는 강한 힘을 가졌기 때문이다. 그것이 바로 소통의 힘이다.

정서 엿보기 · 2
정서조절코드

　마음의 문을 닫아버린 것일까.
　K는 요즘같이 열대야가 지속되는 밤이면 더욱 잠을 못 이룬다. 감정을 다스릴 힘이 없는지 몸을 괴롭히기 일쑤다. 더 빈번하게 자신의 뺨을 때려 푸르딩딩한 피멍까지 들어 있다. 자신도 어쩌지 못하는 마음이 그런 식으로 터져 나오는 모양이다. 어쩌면 그런 행위가 자신을 감당하는 방법인지도 모를 일이다.
　자신을 괴롭힘으로써 희열을 느끼기도 하는 정서장애자, K는 정서장애자다. 자해(自害)가 정점에 이를 땐 동공이 초점을 잃고 허공을 맴돈다. 이어 울부짖는다. 그가 내는 이상한 소리는 살기 위한, 마음을 뚫기 위한, 그만의 방법인지는 몰라도 그 절규가 본능적이고 처절하게 들린다.

그날도 K는 한참 동안 자해를 하다가 마침내 괴성을 내며 울부짖기 시작했다. 이웃에게 폐가 될까 봐 K의 어머니는 서둘러 아들을 차에 태우고 무작정 달렸다. 어디론지 아들과 함께 사라져 버리고 싶었다. 한 시간 거리에 있는 고향 마을 저수지를 택했다. 저수지 둑으로 진입해 핸들을 꺾기 전, 뒷좌석을 보았다. 아들은 쓰러져 누운 채 잠들어 있었다. 어두운 차 안에서도 피멍이 넓게 퍼져있는 오른쪽 뺨과 그 위로 머리카락 몇 올이 붙어 있는 게 보였다. K의 어머니는 조심스럽게 머리카락을 떼어 귀 뒤로 넘겨주었다. 순한 미소를 머금은 표정으로 한 번 뒤척이긴 했지만 여전히 깊은 잠속에 빠져있었다. K의 어머니는 하염없이 눈물만 흘렸다. 차창이 뿌옇게 흐려 그 자리에서 새벽을 맞은 후 다시 집으로 돌아왔다.

그 이야기를 하는 동안에도 K의 어머니는 몰래 눈물을 훔쳤다.

인간은 누구나 부분적으로는 잠재적인 정서장애를 가지고 있다. 정서, 우리 역시 그 부분에 대해서는 자유롭지 못하다. 그것은 출렁이는 파도처럼 항상 움직인다. 어떻게 돌변할지 알 수 없다. 특히 어려움에 봉착하면 최악의 상황을 만들기도 한다.

 일반적으로 '정서장애'라고 할 때의 '정서'를 두고 학자들은 '생리적 현상 및 충동적인 행동·심리를 수반하는 격정'이라고 말한다. 분노를 느끼면 얼굴이 빨개지는 현상과 동시에 상대방을 공격하는 행동이 따를 수도 있다. 더러는 견디기 힘든 상황에 처해도 말이나 행동이 의외로 더 차분해지는 경우가 있다. 그런가 하면 눈물을 흘리면서도 외견상 별다른 충동행동을 보이지 않는 경우도 있다. 이런 다양한 모습의 '정서'를 어떻게 간단히 설명할 수 있겠는가.

 오늘도 정서장애를 가진 사람이 저지른 사건이 매스컴을 탔다. 이십 명이나 되는 힘없는 노인과 여자들을 살해하고 시신을 산속에 암매장 했다. 그는 백 명 이상 죽이는 것이 목표라고 태연히 자백했다. 상담 전문가들은 어릴 때부터 형성된 잘못된 성격이 반사회적인 적개심으로 변해 그러한 행동을 저질렀다고 했다.

 현장검증 때였다. 살인 모습을 당당히 재현하는 동작 하나 하나가 놀라울 뿐이었다. 카인의 더러운 피가 아벨의 목숨을 빼앗는 장면을 생중계로 보는 듯했다.

　이제는 기억에서도 가물거리는 대구 지하철 방화 사건의 경우도 예외가 아니었다. 사회의 냉대에 대해 적개심을 가진 자가 '너 죽고 나 죽자'는 식으로 방화를 저지른 끔찍한 사건이다. 자신의 왜곡된 정서를 다스리지 못한 순간적인 충동의 결과로 빚어진 대참사. 자신의 감정을 다스릴 수 있는 정서가 있었다면 억울하게 유명을 달리한 많은 영혼과 유족들의 사회경제적인 충격과 피해는 없었을 것이다.

　정서는 인간만 가진 것이 아니다. 동물에게도 나름의 정서가 엄연히 존재한다.

　동물의 정서를 잘 이용하는 사람 중에는 뱀 조련사가 있다. 누구나 한 번쯤은 사나운 코브라를 자유자재로 움직이게 하는 모습을 본 적이 있을 것이다. 한 번만 물려도 죽음에 이를 수 있는 독을 가졌지만, 피리 소리에 기막히게 순응하여 춤을 추기도 하고 호리병에 들어가기도 한다. 바꾸어 말하면 파충류도 정서, 즉 감정에 따라 움직인다는 것이다.

　그렇다면 동물의 정서를 움직이게 하는 고리를 알고 역이용하는 조련사를 눈여겨 볼 필요가 있지 않겠는가. 이

조련사가 가진 '정서조절코드'야말로 인간의 정서와 관련한 문제를 해결할 수 있는 묘약일 수 있으니 말이다.

누구나 자신의 정서조절코드를 제대로 읽고 파악하기 위해 노력할 필요가 있다. 스스로의 정서를 조절하는 가장 좋은 방법을 알거나 터득하고 있어야 한다는 말이다. 하지만 '정서 조절'의 방법을 고민하기 이전에 바르고 좋은 정서를 기르기 위한 지혜와 노력이 선행되어야 함은 두말할 필요가 없다.

우선은 상대방을 배려할 줄 아는 기본적인 마음이 생활 바탕에 깔려 있어야 할 것이다. 그런 다음에 정서조절코드를 잘 활용하는 방법을 배우고 익힐 일이다.

정서 엿보기 · 3
시샘의 두 얼굴

 얼굴이 붉어지도록 손에 힘을 주어 움켜쥔다. 장난감을 차지하기 위해 3살 터울인 누나와 준후가 버티기를 하는 중이다. 그러다가 힘으로 당할 수 없는지 준후가 울음으로 마무리를 한다. 울음은 무기다. 그 무기만 들면 누나가 양보한다. 말 못하는 어린 녀석이 울음이 만사형통이라는 사실을 알고 있다. 울음 앞에선 언제나 부모가 제 손을 들어주었기 때문에 그런 것인지도 모른다.
 준후는 태어난 지 24개월 된 손자다. 그 아이에게도 흡족하면 웃고, 하기 싫은 것은 피하며, 좋아하는 물건은 양보하기 싫은 마음이 있다. 누나의 장난감을 내놓으라고 떼를 쓰기도 한다. 아이가 엄마의 젖을 물고도 남은 한쪽 젖을 차지하려는 것을 보면 인간의 '시샘'은 타고난 정서인 것 같다.

이런 '시샘'은 귀여움의 한계를 넘어 큰 사건을 빚기도 한다. 자기보다 더 행복한 사람을 보면 참을 수 없어 끝내 살인을 부르고 만 사건이 있었다. 범인은 자기에게는 없는, 타인의 '가족들의 행복한 웃음소리'에 시샘을 하여 범행을 저질렀다고 고백했다. '행복한 웃음소리'가 한 가정을 파멸로 이끈 화근이 된 셈이다.

행복한 가족의 웃음소리가 어째서 그에게는 견딜 수 없는 고통이 된 것일까. 타고난 정서인 '시샘'이 성숙하여 자신의 발전을 위한 동기 유발이나 에너지가 되지 못하고 단지 유아적인 '뺏음'에 머물러 그것으로 문제해결을 하려 했던 게 아닐까. 결국 '시샘'을 다스리지 못한 것이 원인인 셈이다. 가족의 행복한 사랑을 경험해 본 적이 없는 그는 타인의 행복에 대해 '시샘'으로 가득 차 있었던 것 같다. 그에게 '행복한 웃음소리'는 단지 빼앗아버리거나 없애버려야 할 제거의 대상으로만 존재했던 것이다.

수십 년 전, 낚시에 흠뻑 빠져있던 나는 그날도 어둠이 내리는 못 둑에서 밤낚시를 즐기고 있었다. 밤이 깊어 갔다. 개구리 울음소리가 합창을 하고 있었다. 그믐밤 초저녁 하늘에는 수많은 별들이 검은 보자기에 보석을 뿌려 놓은 듯 반짝였다. 그때였다. 옆에서 낚시를 하던 친구의 찌가 물 밑으로 사라진 것을 봤다. 그 친구는 휘청거리며 고기를 낚아채기 위해 안간힘을 썼다. 긴장된 시간이 흘렀다. 마침내 물고기가 수면에 얼굴을 내밀자 나는 깜짝 놀랐다. 낚싯줄에 끌려 나오며 헐떡이는 고기의 입은 만돌린이 연상될 만큼 커보였다. 월척임에 틀림없는 것 같았다. 물고기가 너무나 크다보니 친구는 조심조심 낚싯대를 당겼다. 출렁이는 물소리가 정적을 깼다. 물이 휘감기는 소리와 친구의 탄식이 동시에 들렸다. 낚싯줄이 터진 것이었다. 낚인 고기가 필사의 몸부림을 쳐서 수초에 걸리는 바람에 무게를 이기지 못한 낚싯줄이 끊어진 것이었다. 그것을 보자 마음 한편에 후련한 느낌이 들었다. 통쾌감일 수도 있겠다. 왜 그런 느낌이 들었는지는 나 자신도 모를 일이다.

    다른 사람의 행복을 시샘하여 범죄를 저지른 것과 그날 나의 시샘이 근본적으로 무엇이 다를까. 만약 그가 월척을 잡고 나는 한 마리도 잡지 못했다면 아마도 조금은 배가 아팠을 것이다. 다른 사람의 행운을 시샘하는 나 자신의 마음에 다시 한 번 놀랐다. 실제로 그런 마음이 깃들었던 것이 사실이기 때문이다.

선거철마다 후보자들은 유권자에게 '시샘'이 자극 받도록 지역 정서를 강조하곤 한다. 지역 정서란 자기가 사는 곳에 울타리를 치는 것이다. 다른 사람이 접근하지 못하도록 하는 것이 아닌가. 시샘을 하도록 부추기는 인간은 지역 정서란 말을 사용하여 교묘하게 감정을 자극한다. 사람의 심금을 울릴 가장 효율적인 방법이 어떤 것인지 알고 있기 때문이다. 어제 오늘의 일이 아니다. 유권자들의 지지를 끌어내기 위해 호남 정서, 영남 정서, 수도권 정서 등으로 나누고 쪼개가며 민심에 호소해 왔다. 지금도 그러하다. 이러한 편향된 정서는 결국 유권자들의 판단을 흐리게 하여 사람의 힘으로 치유할 수 없는 지역이기주의 방향으로 가기 마련이다. 특정지역의 조건이나 환경이 변해도 인간의 대의가 지역의 정서로 인해 훼손되어서는 안 될 일이다.

하지만 이 '시샘'을 올바른 방향으로 잘 활용한다면 무한한 에너지가 되어 돌아오기도 한다.

사회는 경쟁으로 엮여져 있다. 그 밑바탕에는 성공을 꿈꾸는 자들의 '긍정적인 시샘'이 있고, 그것은 새로운 세상을 여는 에너지로 꿈틀거린다. 이런 '시샘'이라면 행복을 손에 쥔 것과 뭐가 다르겠는가.

정서 엿보기 · 4
마음 다스리기

　신문을 보니 우리나라에서 하루에 자살하는 사람이 평균 삼십사 명이란다. 어마어마한 숫자다.
　저승길은 항상 열려있어, 천하의 어떤 영웅호걸도 비켜가지 못하는데 왜 굳이 미리 가려고 할까. 어떤 경우라 하더라도 난 자살을 이해할 수가 없다. 죽을 만큼 힘든 일에는 항상 대처할 수 있는 방법도 함께 존재한다고 믿는다. 단지 그 방법을 찾기에 게을렀거나 서둘러 포기한 것이 아닐까.
　오늘도 '행복전도사' C씨 부부가 유서를 남기고 자살을 했다. C씨는 '즐거운 세상, 행복 만들기'란 프로그램에 고정 출연하여 주부로서 자신의 경험담을 웃음으로 풀어내는 행복전도사로 알려져 있었다. 희망과 행복을 주제로 20여 권의 책을 내기도 한 유명인사다. 그는 '루푸스'란 난치성 질환을 앓고 있었다고 한다. 질병의 고통이 얼마나 심했으면 행복을 실어 나르던 그가 자살을 택했을까. C씨는 많은 사람들에게 크나큰 실망감을 안겨줬다. 다른 이도 아닌 행복전도사가 아닌가. 행복한 인생과 삶을 애기하며 타인에게 웃음 비타민을 퍼트리던 그녀의 얼굴이 새삼 떠오른다. 그동안 그가 주장한 행복은 도대체 무엇이란 말인가. 그의 말에 힘입어, 작은 것에서도 행복을 찾으려 하고, 힘든 가운데서도 희망을 노래하던 많은 사람들을 놀라움과 실망에 빠뜨린 행위가 원망스럽기까지 하다. 병마의 고통은 이해할 수도 있다. 하지만 극단적으로 죽음을 선택한 것은 쉽게 이해되지 않는다. 이번에도 모방 자살로 이어지지 않을까 무척 염려스럽다.

　기사에 따르면 남편이 먼저 C씨의 자살을 도운 뒤 자신도 뒤따라 목숨을 버렸다고 한다. '죽음의 동반여행'인 셈이다. 남편의 행동도 혼란스럽긴 마찬가지다. 배우자가 영영 돌아오지 못할 길을 떠나려할 때 말리지 못한 이유가 무엇일까, 죽음에 동행한 진정한 이유가 무엇일까, 그들 부부만이 가진 사랑의 방식일까, 정일까……. 갖가지

상념이 가지를 친다. 그들의 사연은 영원히 답을 알 수 없다. 하지만 아내에 대한 남편의 지극한 사랑에는 반론을 제기할 사람이 별로 없을 것 같다. 이해할 순 없지만 모종의 부부애를 느끼게도 한다.

이 사건을 계기로, 평소 별로 생각해 본 적이 없던 '고통의 수용'에 대해 나름대로 많은 생각을 하게 되었다. 고통은 사회적 인식이나 개인의 수용 방법에 따라 결과가 판이하게 달라진다.

'아침에 눈을 뜨지 않도록 해주세요.'

C씨와 똑같은 질병을 앓고 있는 K씨는 밤마다 그렇게 기도한다. 그는 통증이 심해 젓가락질조차 하기 힘들다. 머리가 아파 두통약을 먹다 보니 속이 쓰리고 무력감까지 생겨 응급실에 자주 실려 다니기도 한다. 그래도 그는 희망을 잃지 않고 버티면서 병마와 싸우고 있다.

그 통증이 얼마나 극심하면 죽음을 택하기도 하는 걸까. 치료는 불가능한 것일까.

방치하면 치료가 힘들지만 길은 있다는 것이 전문가들의 설명이다. 영남대병원 정신과 구본훈 교수는 "통증은 수용하는 사람의 자세에 따라 고통의 강도가 다르다. 칼에 베여도 그 사람이 어떻게 받아들이느냐에 따라 결과가 달라진다. 예민하여 '다른 문제가 발생하지 않을까' 걱정하는 사람은 '그냥 치료하면 낫겠지' 하는 사람에 비해 고통의 강도도 훨씬 세고 치료 또한 더딘 편이다."라고 말한다.

극한의 고통을 종교적으로 승화시킨 경우도 있다. 예수님과 부처님이 바로 그 예다.

예수님이 십자가에 못 박힐 당시 50Kg이나 되는 십자가를 양 어깨에 졌다고 알려져 있다. 건강이 정상적인 상태라면 견딜 수 있는 무게겠지만 모진 고문에 따른 출혈과 탈수 때문에 참기 어려운 고통을 느꼈을 것이다. 더구나 십자가로 사용된 가로목은 일부러 다듬지 않은 나무였다고 한다. 채찍으로 생긴 상처가 아물기 전에 다시 벌어졌고 그 상처 속으로 다듬지 않은 나무의 뾰족한 가지가 파고들었을 것이다. 거기에다 예수님의 양 손과 발에는 길이 14Cm의 쇠못이 박혀 있었다. 이 못은 손과 발의 중심 부위를 지나는 혈관과 신경을 끊어 심한 통증과 함께 호흡곤란까지 불러와 극심한 고통에 시달렸을 것이다.

부처님은 오랜 기간 단식을 했는데, 자신의 상태에 대해 다음과 같이 말했다고 한다.

"나의 사지는 마른 곤충과 같고, 엉덩이는 황소의 발굽과 같고, 튀어나온 척추는 공의 실밥과 같고, 여윈 갈비뼈는 무너진 헛간의 꾸불꾸불한 서까래처럼 되었다."

이처럼 성인들은 고통을 두려워하고 피한 것이 아니라 그 고통을 통해 비로소 진정한 자유를 얻었다.

그렇다고 우리가 성인의 흉내를 내자는 것은 아니다. 구 교수는, '피할 수 없는 고통이면 차라리 즐기는 자세로 고통을 받아들이는 것'이 현실적이고 현명하다는 충고를 한다. 그것이 고통을 최소화하는 방법이기도 하다는 것이다.

문제는 마음에 있는 것 같다. 육체적인 아픔은 휴식이나 치료를 하면 쉽게 나을 수가 있지만 우울증과 같은 정신적인 상처는 쉽게 아물지 않는 법이다. 자살을 택한 사람들 중 다수가 삶과 죽음을 인식하는 정서의 혼란으로, 쉽게 죽음의 유혹에 빠져 그 유혹을 따랐거나 마음 다스리기에 실패한 것이 아니겠는가. 그렇다면 사람의 행과 불행을 결정짓는 숱한 고리들 중 가장 어렵고도 중요한 이 '마음 다스리기'는 어떻게 해야 좋을까.

어쩌면 이것이 바로 행복전도사가 죽으면서 마지막으로 우리에게 던져준 과제일지도 모르겠다.

정서 엿보기 · 5
사랑, 그 달콤하고 힘나는

아무래도 살아가는 힘은 '사랑'에서 나오는 모양이다.
TV를 보다가 우연히, 사랑으로 몸과 마음을 지탱하고 있는 한 시인을 만났다. 중증 1급 신체장애인 노차돌. 그는 손과 발이 뒤틀려 불 위의 오징어마냥 몸이 오그라들거나 꼬이기 일쑤다. 말을 할 때도 힘들게 얼굴 근육을 모으고 숨을 고른 후 겨우 하는데, 얼굴과 손은 물론이고 심지어 발까지도 뒤틀린다. 그의 사고와 판단력은 정상이지만 신변처리는 다른 사람의 도움 없이는 불가능하다. 어릴 적 앓은 뇌경변이 원인이라고 한다. 그런 그가 시를 쓴다.
노 시인은 혀를 이용하여 컴퓨터 자판을 두드린다. 마

치 아름다운 여인이 형형색색의 실로 수놓고 있는 것 같다. 시를 쓰는 것은 자칫 희미해지거나 잊어버릴지도 모를 사랑을 떠올리고 그리움을 표현하기 위함이라 했다. 혀로 자판을 두드리는 모습이라니……. 손의 역할을 혀가 대신하는 것을 보는 순간 나도 모르게 눈물이 핑 돌았다. 몸도 움직이기 어려운데 저렇게 혀로 시까지 쓰다니……. 불결한 자판 위를 오가는 그의 혀, 아니 그가 짊어진 짐이 너무 가혹하여 자꾸만 가슴이 아파 온다.

　문학 평론가 김재홍은 그의 시를 두고 '소박하고 시상 전개가 평범하지만, 그래서 오히려 더 진한 삶의 진실을 깨닫게 해주고 있다'고 했다.

　사랑이란 내가 아플 때 보고 싶고 생각나는 사람이 있으면 그게 사랑이다. 맛있는 거 먹을 때 어떤 얼굴이 생각나면 그게 사랑이다.
　(중략)
　마지막으로 사랑이란 죽고 싶을 때 사랑했던 사람이 다시 돌아와서 그 사람이 기댈 곳이 없을까 봐 못 죽는 게 사랑이다
　　　　　　　　　　　　　　- 노차돌의 시「사랑이란」중에서

　그가 말하는 사랑은 '주는, 무한히 베푸는' 그런 것일 게다. 죽고 싶어도 상대방이 기댈 곳 없어질까 봐 못 죽

는 그런 마음, 그것이 사랑이라 말하고 있다. 이런 마음을 가진 그도 가족사진에 자신이 빠진 것을 보고 소외감을 느낀 적이 있다고 했다. 가족과 함께 사진을 찍지 못한 이유를 이해하는 데에는 많은 시간이 필요했다고.

그는 자신을 '지구에 온 화성인'이라 생각했다.「어떤 화성인의 사랑 고백」이란 시에 그 마음이 잘 나타나 있다.

    내가 당신을 아주 많이 사랑하는 것 같습니다
    한밤중에 뼈가 깎일 듯이 몸이 아파도
    당신이 미치도록 보고 싶으니 말입니다
    (하략)

그의 시에서 그의 사랑을 본다. 이렇듯 자신을 화성인에 빗대어 가며 혀로써 사랑을 그려가는 노차돌 시인은 시청자들의 감성을 촉촉이 적셔준다. 장애인이 살아가기에 너무나 힘든 현실이다. 누구든 경쟁 상대가 되면 한 사람은 상처를 입기 마련이다. 하지만 진실한 사랑은 상대방의 마음 헤아리는 일에 무게를 둔다. 그는 시를 접하는 모든 분들께 진정한 사랑이 무엇인지 보여주고 싶다고 했다. 바다의 푸르름을 파도가 바위에 부딪혀 멍든 것으로 보고, 그러한 푸른 멍은 바로 자기를 낳고 보살펴 준 어머니의 시린 아픔임을 깨닫기도 한다.

그는 자신의 홈페이지 '햇빛바다 아름다운 이야기'에서도 사랑의 종류를 250여 가지나 열거해 놓았다. 그만큼 모든 의식이 사랑에 몰두해 있다는 말일 것이다.

사랑의 정서는 장애인이든 비장애인이든 관계없이 누구나 가지고 있다. 그 중에서도 상처에서 건진 사랑의 감정은 인간에게 힘을 준다. 인간에게 사랑이란 이름의 정서가 없다면, 노차돌 시인에게 그런 정서가 없다면, 그는 어디에서 어떻게 자신의 존재 의미를 찾았을까.

정서 엿보기 · 6
긍정의 시작

'생각하기 나름'이란 말이 있다.

생각 여하에 따라 행복할 수도 불행할 수도 있다는 의미다. 자녀를 교통사고로 잃은 부모가 하늘이 무너지는 비통함을 딛고 세상 모든 젊은이를 아들딸로 맞이한 일이나, 산에 있는 꽃과 나무들을 자기 집 정원에서 피어나는 화훼나 수목과 다름없이 여기고 아끼며 행복을 느끼는 일 등은 모두 '생각하기 나름'의 사고, 그 중에서도 긍정적인 사고를 가진 사람들일 게다.

나 역시 어려운 일에 부딪치면 '하느님도 인간이 견딜 수 있을 만큼만 고통을 준다'는 말을 떠올리며 위안을 삼곤 한다.

'생각하기 나름'이란 말과 비슷한 뜻을 가진 '넛지(Nudge)'라는 말이 있다. 남자 소변기에 파리를 그려 놓아 소변이 밖으로 튀는 것을 줄인 것이 대표적이다. 소변 볼 때 파리를 향해 집중 포화하고 싶은 마음이 일도록 하는 '넛지'는 숨어있는 감정을 이끌어내는 것이다. '동기 유발을 하기 위해 은근히 옆구리를 슬쩍 찌르다'라는 뜻의 이 말은 미국 행동경제학자 리처드 탈러의 저서에서 유행이 되었다. 강제나 지시에 의한 것이기보다는 슬그머니 선택을 유도하는 부드러운 개입이다. 실제 교통사고를 줄이기 위한 방법으로도 이러한 원리를 이용한 예가 있다.

P도시 해상고가도로에서 지난해 발생한 23건의 교통사고 가운데 절반이 넘는 12건이 곡선구간에서 일어났다. 과속단속 카메라가 없다는 것을 안 운전자들이 과속을 일삼기 때문이다. 그렇지만 진동이 많은 고가도로에서는 오작동 가능성이 있기에 과속 카메라도 설치 못하는 실정이었다. 사고를 줄이기 위해 길이 300~400m 구간에 흰색 가로선을 긋되 구간곡선이 심해질수록 가로선의 간격을 좁혀 놓았다. 같은 속도를 달리더라도 곡선이 심한 구간에 이르면 길이 좁아지는 듯한 착각이 드는데, 이 착각을 유도해 자연스럽게 속도를 줄이도록 만든 것이었다. 결국

착시현상을 이용해 교통사고를 줄인 것이다. 한 마디로 사물은 변화가 없지만 마음의 변화를 유도해 결과를 바꾼 경우다. 이러한 현상은 우리 사회 곳곳에서 자주 일어난다.

수십 년 전 주말부부 생활을 하던 시골 학교 교사 시절이었다. 그날따라 버스가 연착했다. 콩나물시루를 방불케 하는 만원 버스에 올랐다. 곧 내릴 승객이 있다며 자리를 잡아 준 사람이 있었다. 젊은 여승이었다. 아직 어려보이는 스님, 다소곳이 앉아 눈을 감고 있는 모습이 고왔다. 빡빡 민 머리가 파르스름한, 유난히 맑은 얼굴이었다. 회색 승복과 귀여운 손, 훤히 드러나 보이는 흰 목덜미에서 산사의 향이 솔솔 풍겨오는 것 같았다. 한편으로는 이렇게 아름다운 여인이 혼자 늙어가야 할 신분이란 것이 안타까웠다. 하지만 애련한 감정은 순간일 뿐 단아한 그녀에게서는 범접 못할 수도자의 기풍이 엿보였다. 그래서인지 고맙다는 인사조차 하기 어려웠다. 한참 만에 용기를 냈다.

"자리를 잡아 주어 고맙습니다. 어디까지 가세요?"

"목적지가 없어요. 발길 닿는 절로 가서 한 며칠 보내려고 합니다."

스님은 방방곡곡 어느 절에 가도 숙식이 해결되며 세상사 욕심이 없기에 걱정도 없다는 등 자연스러운 이야기가 이어졌다. 제법 친숙한 분위기가 되자 알고 싶던 질문을 던졌다.

"왜 스님이 되었어요?"

어쩌면 실례가 될지도 모를 질문이었다. 한참 머뭇거리던 스님은 부모나 가까운 친구들까지 말렸지만 '이 길을 선택하는 것만이 유일한 기쁨'이었다며 미소를 짓는다. 알 수 없는 미소의 의미……. 아리송해 하는 내 마음을 알았는지 스님은 다시 입을 열었다.

"사람은 누구나 자기만의 고유한 색깔이 있지요. 어떤 이는 노란색을 지닌 채 세상을 살아야 하고 어떤 이는 푸른색을 지닌 채 살아야 하는 운명을 가지고 태어났다는 말이지요."

색은 사람이 타고난 성향이라 했고, '생각하기'에 따라 이 자리가 천당이 될 수도 지옥이 될 수도 있으며, 부처님은 마음속에 있다는 이야기도 했다.

지금도 이따금 '목마른 사람이 물을 찾듯이 행복의 근원을 종교에서 찾았다'던 스님의 말을 떠올릴 때가 있다.

사람은 누구나 저만의 고유한 색깔을 타고났지만 세상

에선 자기와 다른 색깔의 사람들과 어울려 살아야 한다. 그렇기 때문에 상대에게는 나와 다른 색깔이 있음을 인정하는 것이 필요하다. 그 '색깔의 차이'를, '다름'을, 인정하는 것이 바로 긍정의 시작이다. 이처럼 삶은 생각에 따라 엄청난 차이가 난다. 행복의 열쇠를 '생각하기 나름'에서 찾는다면 그 '생각'의 조건은 분명 '긍정적으로 생각하기'일 것이다.

정서 엿보기 · 7
애착과 집착의 경계

 꽃이 제각각 자신의 빛깔로 피어나 자신만의 열매를 맺듯이 사람도 저마다 고유한 습성을 가지고 자신의 삶을 살아간다.
 나에게는 한 번 선택한 물건을 잘 버리지 못하는 습성이 있다. 그런 까닭에 항상 호주머니가 볼록하다. 간혹 호주머니에 손 넣기가 어려울 때면 소지품을 죄다 꺼내본다. 동전, 휴지, 메모지, 약봉지, 손톱깎이, 구두주걱 등등 어느 하나도 버릴 것이 없다. 흡사 군대 시절 인원 점검 하듯이 한 개씩 용도를 생각하며 훑어본다. 이것도 버릴 수 없고 저것도 간수해야 하니 결국 도로 다 집어넣게 된다. 그러다 보니 호주머니는 여전히 볼록하다.

몇 년 전, 아들 녀석이 대입 시험을 치르는 날이었다. 날씨가 추워서 아들을 태워주기로 했다. 차를 몰아 대학 정문에 도착했다. 바람조차 심하게 불어 체감온도는 더욱 낮았다. 추위를 녹이기 위해 두 발을 굴리며 덜덜 떨고 있을 때였다. 시험장에 들어가기 전 아들이 갑자기, 시험지에 표시하고 답을 적기 전 사용할 지우개가 필요하다고 했다. 아들 녀석은 초조한 얼굴로 지우개를 찾았지만 막막했다. 어디서 구한단 말인가. 이른 시간이라 문구점에 간다 해도 문이 열렸는지도 모를 일이고 시간도 촉박했다. 답답했다. 호주머니에 손을 넣어 보았다. 뒷주머니도 뒤져 보았다. 이게 웬일인가. 지우개가 잡혔다. 며칠 전에 사용하고 습관적으로 주머니에 넣은 모양이었다. 하찮은 물건 하나도 쉬 버리지 못하는 습성의 덕을 톡톡히 본 셈이다.

아무튼 손에 들어오면 좀체 버리지 못하는 성미다. 목욕탕에서 사용한 때밀이 천이랑 마땅히 버릴 곳을 찾지 못한 씹던 껌, 식당에서 받은 선전용 라이터와 볼펜, 심지어 나오면서 입에 물고 온 이쑤시개도 주머니 속에 모이기 일쑤다.

그 이쑤시개 때문에 낭패를 본 일도 있다. 어느 날 동료들과 식사를 한 후 그것들을 몇 개 쥐고 식당을 나섰다. 한두 개 사용한 후에 버리기가 아까워 윗도리 안 호주머니에 조심스레 넣어두었다. 빨래를 할 때마다 소지품을 그릇에 담아두는 아내가 그날따라 그것을 발견하지 못한 모양이었다. 아내는 이쑤시개가 든 옷을 손빨래 했다. 결국 옷은 상하고 손은 상처를 입고 말았다.

쉽게 버리지 못하는 습성은 산과 강에서 수집한 수석에게도 마찬가지로 적용된다. 마음에 드는 수석을 만나기 위해 산으로 강으로 헤매고 다니는 일이 다반사다. 돌은 발아래에 지천으로 깔려있다. 그때까진 그냥 돌일 뿐이다. 하지만 일단 선택을 하고나면 달라진다. 나에겐 돌이 아니라 특별한 의미로 존재하기 때문이다.

한 번 인연을 맺으면 쉽사리 버리지 못하는 것도 일종의 습성일 수 있다. 그것도 강한 습성……. 뒤집어보면 그게 바로 애착 아닌가. 어린 시절의 땅뺏기 놀이가 그렇게 재미났던 것도, 국가 간에 전쟁의 결단을 내리게 하는 마음도 결국은 인간이 가진 본질적인 애착이나 집착에서 출발하는 게 아닐까.

호주머니를 점검하면서 이런저런 생각을 하다 보니 '애착이 집착을 낳는다'는 데에 이르러 한참을 머무른다. 애착이든 집착이든 보이지 않는 마음속의 일이라 명확한 구별이 어려우니 늘 마음을 점검하면서 조심해야겠다.

정서 엿보기 · 8
노래 부르기

나는 노래를 즐겨 부른다.

혼자 부르는 노래는 청중의 신경을 쓰지 않아도 되니 편하다. 다른 사람의 입맛에 맞는 아름다운 목소리가 아니라도 좋다. 못 불러도 상관없다. 그냥 장바구니에 물건 담듯 흥을 담아 즐기는 것이다.

노래를 부르고 있노라면 노랫말 속에 스며있는 의미와 운율을 따라 감성이 두둥실 하늘을 떠가는 재미도 가지게 된다. 행복한 시간이다. 감미로운 멜로디를 따라가다 보면 시간이라는 강물도 건너고, 뜬금없이 보고 싶은 얼굴도 나타나고, 마음 속 깊은 곳에 숨어있던, 행복했거나 아쉬웠던 일들이 떠오르기도 한다.

노래 속에 삶이 담겨 있다고 했던가. 노래와 함께 흘러간 삶을 반추해 보는 일 또한 즐거운 일이다.

어린 시절, 동동구루무 장수가 동네 어귀에 나타나면 신이 났다. 음악소리가 손발에서 나오기 때문이었다. 큰북을 짊어지고 손발에 묶인 끈을 조정하여 심벌즈를 함께 연주하는 그는 마술사와 같았다. 가는 곳마다 사람들이 몰렸고 시장바닥이 된 것같이 왁자지껄하였다. 처음으로 맛 본 악기소리요 노래였다. 초등학교 시절에는 6·25 전쟁과 관련된 군가가 주로 방송에 나오곤 했다. 동네 전파사에서 흘러나오던 그 노래를 따라 부르던 기억이 새롭다. 중학교 때는 미션계 학교를 다닌 탓에 찬송가 외에는 생각나는 것이 거의 없다. 언제나 교회 확성기에서 예배를 알리는 종소리가 은은히 들려왔다. 훈련병 시절엔 '고향' 노래에 눈물지었고 월남 전투병 시절에는 '월남의 달밤'을 부르며 시름을 달래곤 했다. 그즈음 노래는 유일한 위안이었다.

'동백 아가씨'가 한창 유행하던, 제대를 앞둔 무렵이었다. 해운대 백사장과 동백섬은 아름다웠다. 내무반 막사 뒤쪽은 키 작은 소나무가 병풍처럼 둘러쳐졌고 바닷바람은 항상 세차게 불었다. 귓전엔 맥주 거품처럼 쏴아악 쏴

아악 토해내는 파도 소리가 은은히 들려왔다. 백사장 끝부분에 있는 동백섬이 그림같이 보이는 그곳에서 나는 초소 근무 중이었다. 무료함을 달래기 위해서였을까, 나도 모르게 입에서 '동백 아가씨'가 흘러나왔다. 동백섬과 백사장엔 온통 요요한 달빛이 내려앉아 있었다. 구성지게 한 곡 뽑고 있는데 갑자기 불빛이 나타났다. 순간 노래를 멈추고 부동자세를 취했다.

"초소 근무 중에 뭣 하고 있나! 초병이 노래를 부르다니 정신 있어? 정신 상태가 불량해. 엎드려 팔굽혀펴기 하면서 '근무 상태 불량' 50번 해!"

순찰 나왔다가 노랫소리를 들은 중대장은 심한 꾸중을 했다. 중대장 명령이라 거역할 수 없었다.

"근무상태불량, 근무상태불량, 근무상태불량……."

지금도 '동백 아가씨'만 나오면 웃음이 번진다.

지난해 여름은 유난히 더웠다. 이국적인 분위기를 풍기는 울릉도를 택해 여행을 갔다. 피서 겸 떠난 여행이었다. 여름의 낭만을 즐기고자 찾은 환상의 섬 울릉도, 그곳에선 8월의 열기 아래 '오징어 축제'가 한창이었다. 맨손으로 오징어 잡기, 호박엿 늘리기, 바다미꾸라지 잡기, 해변 몽돌 쌓기, 오징어요리경연대회, 옛길 걷기 등 다양한 행사가 펼쳐지고 있었다. 그 중에서도 내 발걸음은 노랫소리가 나는 곳을 향하고 있었다. 각설이 품바가 흥을 돋웠다. 섬에서의 각설이 타령은 또 다른 맛이었다. 품바의 흥에 맞춰 두드리는 가위 끝에서 좌판의 달콤한 호박엿이 거북등처럼 짜악, 짝 갈라졌다. 구수한 사투리로 불러대는 노랫소리는 잘 배합된 잡곡밥같이 정겨웠다. 두툼한 입술에 빨간 칠을 한 여장 남자의 짧은 치마와 엉덩이에 꿰찬 방울은 피에로의 모습을 연상케 해 춤과 노래가 더욱 신났다. 그야말로 엿장수 마음대로 휘둘러대는 엿판의 가위소리와 함께 살아가노라니 저절로 익어버린 듯한 구수한 노랫소리가 보는 사람의 흥까지도 한껏 돋우었다. 어릴 적 철없이 따라다녔던 동동구루무 장수의 그리운 그 북소리를 여기서 만나다니…….

　뜨끈한 욕탕에 몸을 담근 채 느긋하게 쉴 때도, 어버이날에도 어김없이 내 입에선 노래가 흘러나온다. 그렇다고 내 음성이 좋거나 리듬감이 좋은 것은 결코 아니다. 아내의 평에 따르면 '늘 박자가 맞지 않고 음정이 불안하다'고 한다. 한 가지 특징이 있다면 듣는 사람을 가리지 않는 것이다. 스스로 흥에 겨워 하는 정서를 가진 탓이다.

　산행으로 지친 몸을 달랠 때, 차를 몰다 잠이 올 때, 견딜 수 없는 유혹을 뿌리쳐야할 때는 어김없이 노래를 부른다. 추억이 깃든 노래일수록 좋다. 그리움이 울컥 솟구쳐 마음이 타오를 때나, 바람같이 스쳐가 버린 순간이 못내 아쉬울 때도 노래는 더없이 좋은 위안이요 친구다. 그러고 보니 난 노래를 통해 심신을 위로하거나 감정을 조절할 줄 아는 정서를 가졌으니 얼마나 감사할 일인가.

제5부

배꼽, 독립선서 혹은 숙명의 상징

GS 그룹
개성과 조화
배꼽, 독립선서 혹은 숙명의 상징
가죽 구두를 기다리며
신종 전염병
리모델링
축제 유감
알레르기 다스리기
마네킹

GS 그룹

직장생활 중에도 사교를 겸해 즐기던 오락을 정년 후에도 버리지 않고 이어오고 있다. 요즘처럼 시대가 뒤숭숭할 때는 그를 가까이 하는 즐거움이 더 크다. 광우병 파동과 촛불집회, 前 대통령의 죽음과 조문 정국, 북한 핵실험과 예멘에서 일어난 우리 동포의 피살 등 우울한 사건이 연일 터지고 있지 않은가. 이런 시기에 '힘은 없어도 걱정하고 용쓰는' 나의 머리를 식혀주는 것이 바로 GS 게임이다. GS 게임은 어느 날 갑자기 찾아온 보고 싶던 친구나 꽃소식처럼 반갑다.

S식당에서 우린 매주 한 번씩 'GS의 날'을 갖는다. 고등학교 친구와 옛정을 나누고 우의를 다지기 위함이다.

자칭 우리 GS(Go Stop) 그룹의 총재인 친구 H도 있으며 하루도 빠짐없이 헌신적으로 연락하는 사무국장 K라는 친구도 있으니 그룹의 구성에는 손색이 없는 셈이다. 나 역시 회원의 자격을 성실히 수행하느라 꼬박꼬박 참여한다. 새롭게 싹을 틔우는 나무처럼 GS 회동은 우리의 인연도 새롭게 해준다. 그래서 우린 고스톱을 더 즐긴다. 유머를 곁들이며 대화를 나누고 마음속의 벽을 허물 수 있으니 이보다 더 좋은 게임은 없으리라.

누구의 그림인지는 몰라도 '동양화 감상'이라는 우스갯말처럼 그림을 자세히 들여다보는 재미 또한 쏠쏠하다. 불로장생을 의미하는 십장생도 나오고 나비가 날고 온갖 꽃들도 나타난다. 북풍설한을 참고 견디면 언젠가는 매화꽃 피는 봄을 맞을 수 있다는 깊은 뜻을 읽어낼 수도 있다. 누군가를 목 빼고 기다리는 학에서부터 매화, 벚꽃, 싸리, 난초, 목련, 홍싸리, 공산명월, 국준(菊俊), 단풍, 오동(梧桐), 비(雨)에 이르기까지 어느 하나 빠짐없이 인생 그 자체다. 양반의 신분을 나타내는 듯한 광(光)이 있는가 하면 20끗짜리, 10끗짜리, 5끗짜리, 그리고 끗수가 없는 홑껍데기까지 잘도 만들어 냈다는 생각이 든다.

그러나 아무리 좋은 것도 지나치면 화가 되는 법, 역기

능도 만만치 않다. 모든 경기가 그렇듯이 승부에 집착하여 유혹에 빠지면 헤어나기가 어렵다. 신문 지상에 오르내리는 것은 돈을 매개로 이루어진 도박에 관한 소식이다. 선량한 주부가 도박의 늪에 빠져 헤어나지 못하고 패가망신한 일도 있고, 국회위원들이 의원회관에서 화투를 치다가 국민의 지탄을 받은 일도 있고, 촌로들이 심심풀이로 즐기던 놀이가 시비로 번져 끝내 칼부림까지 난 경우도 있다. 이렇듯 화투놀이는 도박을 하는 사람에게는 눈물과 회한이 가득한 해악의 게임이 되지만, 사교와 스트레스 해소를 위한 사람에게는 즐거운 놀이로 손색없다.

GS 그룹도 당연히 판돈을 건다. 비록 동전이지만, 그날의 점심 식사비를 충당하고 남은 돈은 한 달에 한 번씩 가는 단체 여행 경비로 쓴다. 그래서인지 잃어도 나쁠 것 없고 따도 가져갈 수 없는, 그야말로 한바탕 신나는 놀이일 뿐이다.

어떻게 사는가에 대한 문제는 개인의 선택사항이다. 문제는 화투를 놀이 그 자체로 즐길 수 있는 힘을 가질 일이다. 유혹에 빠지지 않을 수 있는 힘 말이다. 고스톱 게임은 두뇌 회전을 빠르게 하고 손끝에 자극을 주기에 치매 예방에 도움이 된다는 말도 있다. 마흔여덟 장의 그림이 친구의 대열에 낀 지 오래다. 즐거운 마음으로 여생에 활력을 줄 수 있는 윤활유와 같은 역할을 기대한다.

오늘도 나는 GS 회동을 위해 신나게 발길을 옮긴다.

개성과 조화

전동차역 구내에 전시된 '한국의 야생화 사진'이 눈길을 끈다. '며느리배꼽풀'이라는 설명이 곁들여진 화초도 보인다. 가시가 듬성듬성 나 있고 하늘을 향해 몸을 치켜들고 있는 꼴사나운 모습이다. 얼마나 못생겼으면 며느리배꼽이라는 이름으로 불리게 되었을까. 꽃은 향기가 좋아야하고 고와야 한다는 고정관념에 금이 가는 순간이다.

다시금 며느리배꼽풀을 주의 깊게 관찰한다. 그리고 보니 특색이 있긴 있다. 시선을 잡아끄는 힘이 느껴진다. 눈여겨보고 또 본다. 그 모습과 함께 며느리배꼽풀이 가진 설명할 수 없는 무언가가 뇌리에 자리 잡기 시작한다. 그만이 가진 고유한 웃음이 전해져 온다. 그리고 보니 주위의 꽃들과 훌륭하게 조화를 이루고 있다. 이런 은근한 매력을 숨기고 있는 그를 누가 홀대할 수 있단 말인가. 서서히 고정관념이 바뀜을 느낀다.

 나는 그동안 얼마나 편향된 시각을 가진 채 살아왔던가.

 아름다운 것들 중 개성 없는 것이 어디 있으며 조화롭지 않은 것이 어디 있는가.

 모든 사람이 다 그렇진 않겠지만, 키가 큰 남성은 작은 키의 여성에게, 몸이 비대한 여성은 홀쭉한 남성에게, 성질이 급한 사람은 차분한 사람에게 쉽게 호감을 가져 인생의 반려자로 삼는 일을 심심찮게 보게 된다. 이것 또한 자신의 부족함이나 미완성된 부분을, 상대방에게서 찾아 완성해 보겠다는 무의식적인 조화 의지가 아닌가.

 춤에 남다른 재주를 가진 청각장애인 A양은 자신만의 개성을 춤에 담을 줄 아는 예인(藝人)이다. 어릴 때 소리를 놓쳐버린 그녀가 비장애인과 다름없이 춤을 출 수 있다는 것은 상상도 할 수 없는 일이었다. 그녀는 평균 청력손실치가 90데시벨 이상인 전농이다. 소리의 장벽을 완전히 넘는 것은 불가능하겠지만 그녀는 그녀만의 방식으로 그 벽을 허물고 있다. 소리를 들을 수 있는 고막의 진동을 대신해 마음과 몸으로 소리를 듣는다. 아름다운 그녀의 피부는 온통 소리를 느끼는 세포로 재구성되고 마음은 율동이 되어 춤의 세계를 누빈다. 그녀의 춤에는, 그녀만의 개성이 담겨 있기에 다른 사람과 비교할 수 없는 감동이 있다. 그 감동의 힘으로 비장애인과 한무대에서 조화를 이루며 관객을 사로잡는다.

연예계에도 유사한 예가 많다. 장애를 가지진 않았더라도 '저 사람이 어떻게 연기자가 될 수 있었을까' 의아한 생각이 들 때가 있다. 키, 몸매, 음성, 얼굴 등 어느 것 하나 뛰어난 곳이 보이지 않는다.

그러나 사람 냄새 나는 구수한 연기를 펼치거나 카리스마 있는 개성적인 역할을 보일 때면 감탄을 하고 만다. 감히 다른 사람이 넘보지 못할 자신만의 개성이 살아있기 때문이다. 그것이 바로 대중의 인기를 한 몸에 받는 이유다.

며느리배꼽풀이 저렇듯 당당하게 산나리나 금낭화와 벗하여 어깨를 나란히 할 수 있는 것도 같은 이치일 것이다.

전시장을 빠져나가려는데 며느리배꼽풀이 내게 속삭이는 것만 같다.

'개성을 살리면서도 주위와 조화를 이루는 것'이야말로 신의 뜻이요 세상을 아름답게 만드는 요소가 아닐까요.

(2008.8.4. 대구일보)

배꼽, 독립선서 혹은 숙명의 상징

　유행은 시선을 모으는 것에서 출발한다.
　거리를 오가는 젊은이들의 노출에 눈이 간다. 유행이 보인다. 몇 년 전과 달리 파격적이다. 짧은 T셔츠와 골반반지, 그 틈새로 얼굴을 내밀고 있는 배꼽의 등장도 눈길을 모으기에 부족함이 없다. 이제 더 이상 가릴 것이 없는 시대다.
　만원인 전동차 안, 피로를 달래기 위해 지그시 눈을 감았다. 깜빡 잠이 들었던지 목적지를 지나치고 있는 것 같은 생각에 놀라 후닥닥 주위를 살폈다. 공간을 미처 분간하지 못한 탓에 머리가 혼란스러웠다. 흐릿한 눈앞에서 깜찍한 배꼽이 나를 빤히 보고 있었다. 앳된 여자아이의 배꼽이 내 눈과 높이를 맞추며 함께 가고 있는 중이었다.

본의 아니게 처녀 배꼽을 유심히 관찰하게 되었다. 그 배꼽의 모습은 흡사 찐빵 만들 때 마무리로 반죽을 남기면서 끝내기 한 모습이었다. 그녀의 몸이 기울자 배꼽은 나에게 점점 가까이 다가왔다. 그것은 기왓장 모습으로 보이기도 하고 돼지의 웃는 눈 형태로 보이기도 하며 알짱알짱 조화를 부렸다.

화산의 분화구처럼 변해버린 배꼽, 탯줄로 모체와 아기의 생명을 이어주던 최초의 흔적이다. 생명줄이던 탯줄을 끊는 순간 태아는 어미에 의한 삶이 아닌 독립된 인간으로서의 삶을 새롭게 시작하게 된다. 그리고 배꼽은 탄생의 징표로만 남게 된다.

어머니는 잠잘 때 항상 배를 따뜻하게 하기 위해 배꼽 부분을 덮어주셨다. 이불을 걷어차고 잘 덮지 않은 다음 날에는 하루 종일 화장실을 들락거려야 했다.

"배꼽에 바람 들면 큰일 난다. 함부로 손대지 마라."

무심코 배꼽에 손이라도 댈라치면 어머니는 기겁하며 야단치셨다. 수영 후 배꼽의 검은 부분을 후벼 파서 배앓이를 한 적도 있었다. 그때도 어머니는 따뜻한 손길로 배꼽 부위를 쓸어 주시곤 했다

배꼽은 다른 신체부위와는 달리 생활에 거의 활용을 하

지 않는다. 그러나 남미의 삼바 춤은 예외다. 동물의 가면으로 얼굴을 장식하고 양팔에는 새 깃털 날개를 단 미녀들이 음악에 맞춰 경쾌한 춤을 춘다. 미끈한 다리와 관능적인 몸놀림은 혼을 빼앗기 십상이다. 삼바 춤의 정점은 배꼽의 유희다. 배꼽이 춤을 추기 위해서는 혼신의 힘을 기울여 몸을 움직여야 한다. 사시나무처럼 몸을 떨거나 엉덩이와 허리를 바람개비처럼 돌려야 비로소 배꼽이 움직인다. 음악에 맞춰 때로는 느리게 때로는 빠르게, 보는 이의 심장을 가쁘게 뛰게 하는 관능적인 배꼽춤은 오늘날 많은 사람들의 사랑을 받고 있다. 배꼽에게 보내는 사랑이다.

'배꼽 잡고 웃는다'라는 말은 흔히 쓰는 말이다. 웃음을 참지 못하고 한꺼번에 터트릴 때 주로 쓰는 표현이다. 어머니의 말씀처럼 이때의 배꼽도 '아무리 재미나고 우스워도 지나치지 않도록 조절해 주는 곳'이란 뜻이 숨은 건 아닐까. 조절기능을 잃어버리면 정말 큰일 아닌가.

어머니의 기운을 받아 흐르는 임맥과 아버지의 기운인 독맥도 배꼽을 중심으로 순환의 원리에 따라 있다.

요즘은 멀쩡한 배꼽을 성형하여 참외 배꼽으로 만들기

도 하고, 심지어 피어싱이라는 이름으로 배꼽에 구멍을 내어 장식을 하기도 한다.

부끄러움의 경계 지점이라고도 할 수 있는 배꼽은 출생과 함께 모체와 분리된 과감한 절차의 흔적이기도 하다. 배꼽은 한 인간으로 성장하고자 하는 의지의 흔적으로, 제대로 성숙하고자 하는 독립된 개체로서의 독립선서, 또 그리해야 한다는 숙명의 상징이기도 하다.

이러한 배꼽을 함부로 다루는 것은, 배꼽의 존엄성 즉 독립된 개체로서의 존엄성을 크게 훼손하는 일이 아닐까 싶어 적이 염려가 된다.

가죽 구두를 기다리며

　대중가요는 시대의 흐름에 민감할 수밖에 없다. 시쳇말로 '사랑'이란 주제를 빼고 나면 어떤 노랫말이 남을 수 있을까. 사랑의 빛깔이 한 번 배어들면 좀체 변하지 않는 '추억의 소야곡'이나 '목포의 눈물' 등의 노랫말이 있는가 하면 사랑 따윈 흘러가는 강물처럼 취급하는 '빠이빠이야'나 '유리 구두' 같은 노랫말도 있다.

　오늘도 '유리 구두~ 갈~아 신고~ 툭툭 털고 간 사람…….' 노래가 귀청을 울리며 전파를 탄다. 애간장을 태우는 여인의 음성이 심금을 울린다. 유리 구두, 얼핏 들으면 유리 구두가 동화 속 신데렐라나 백설 공주가 신는 화려한 구두처럼 여겨지지만, 아니다. 아이러니하게도 언제나 바꿀 수 있는 신발이며 이별(깨어짐)을 상징하는 구두임에 틀림없다. '유리 구두'라는 곡을 대중이 선호하여 인기 차트에 오르기도 하는 것을 보면, 현대인의 사고(思考)가 '싫증나면 바꾸면 그만'이라는 호환성에 바탕을 둔 것이 아닐까 싶다. 아무리 생각해도 이해할 수 없는 노랫말이 유행을 타고 인기곡 차트에 버젓이 오르고 있는 것을 보니 사랑을 이해하는 정서는 물론 사고방식까지도 격세지감이 든다.

결혼상담소를 운영하는 지인으로부터 '요즘 사랑은 결혼 조건이 될 수 없다'는 말을 들었다. 사랑은 돈의 위력에 밀리고, 직장에 밀리고, 학력과 외모에도 밀린다는 말이다. 외적 조건이 충족되지 않으면 사랑할지언정 결혼하지 않으며, 사랑하는 사람이 있어도 조건 더 좋은 배우자감이 있으면 언제든 바꿀 수 있고, 조건을 갖추지 못한 사람은 아예 맞선을 기피한다는 말로 미루어 보아 틀림없을 성 싶다.

성격이나 인간 됨됨이는 결혼 조건에 들지도 못하니 문제가 아닐 수 없다. 이 같은 사회 분위기를 알고 있는 중매인들은 '사랑'이란 말에 냉소한다. 중매인들을 탓할 수도, 요즘 젊은이들을 탓할 수도 없다. 우리 모두가 공범이요, 방조자이니 말이다. 오죽하면 '달러가 하나님'이란 말이 나왔을까.

'찬다'는 말이 있다. 상대방과 연을 끊거나 이성간의 단절을 의미한다. 못마땅한 상대를 일방적으로 차버리는 데에는 통쾌감이 존재하는 게 사실이다. 하지만 상대방의 심장에 비수를 꽂는 행위가 될 수도 있다는 점을 간과해서는 안 된다. 차인 사람이 상처를 떨쳐버리지 못하고 안으로 삭이며 살아가는 것도 불행이지만, 일생 한을 품고 살거나 심지어 목숨을 버리는 경우도 심심찮게 보아왔기 때문이다.

'유리 구두'의 노랫말은 배신을 암시하고 있다. 그런데도 대중이 좋아한다는 것은, 사랑에 대한 인식 변화의 현주소를 적나라하게 보여주는 예가 아닐까. '지나온 세월이 그 얼마인데도~ 툭툭 털고 간다 ~'라는 노랫말에는, 버릴 때는 '세월이나 정 따위는 미련 없이 훌훌 털고 가버리겠다'는 계산된 사랑이 깔려 있다. 한때 사랑했던 사람이지만 시쳇말로 쿨하게, 미련을 두지 않겠다는 의지다. 이것이 거짓 사랑이 아니고 무엇이랴. 그들은 변신을 잘한다. 그러한 사랑 아닌 사랑 탓에 진정으로 사랑하는 사람들이 손해를 보는 것같이 느껴지는 건 어찌 설명해야할지…….

　나에게도 '유리 구두' 흉내를 내어본 시절이 있었다. 젊은 날, 월남 파병을 지원했을 때다. 고국을 떠날 무렵, 전국 대도시 역과 부산 부둣가에는 환송 인파로 붐볐다. 지방자치단체들까지도 정부 시책에 호응하여 전장에 나가는 장병들을 앞 다투어 격려했다. 군악대를 선두로 시민들의 따뜻한 환송을 받던 그때를 요즘도 잊지 못한다. 많은 여성들로부터 펜팔 주소도 받아 챙겼다. 심지어 여고생들이 단체로 나와 줄을 지어 손을 흔들어주며 배웅하기도 해 전쟁터의 위험 따위는 생각지도 않고 신이 나 우쭐거리며 월남행 배에 올랐다.
　낯선 이국땅에서의 전투병 생활은 외로웠다. 야자수가 드리워진 해변에서 바다 위로 떠오르는 둥근 달을 쳐다보며 고국에 대한 그리움을 삼키곤 했다. 포성이 밤낮으로 울려 퍼지는 정글 속에서 펜팔 상대에게 편지 쓰는 것이 낙이었다. 고향이 그리워질 때마다 펜팔 상대에게 꼬박꼬박 답장을 썼다. 하지만 치열한 전투인 오작교 작전이나 도깨비 작전 중에는 편지 쓸 엄두를 못 냈다. 그러자 전우들 중 누군가가 묘안을 제시했다. 병사 한 사람이 편지를 쓰면 그 편지 내용을 분대원 전체가 베껴 쓰는 것이었다. 궁여지책이긴 했지만 우리는 쾌재를 불렀다. 사랑이라는 말이 유난히 많이 담긴 가짜 사연을 보내고도 수많은 답장을 받았다. 흡사 '유리 구두'처럼.

그러한 일을 2년 가까이 하였으니 나도 유리 구두를 꽤 오래 신어 본 셈이다. 베껴 쓴 수많은 편지글이 상대를 바꿔 오고 갔다. 감수성 강한 젊은 시절의 일이었지만 지금 생각해도 얼굴이 붉어진다. 물론 제대와 함께 유리 구두는 모조리 깨어졌다.

세월의 흐름과 함께 세상은 참 많이도 변했다. 이제 특수한 상황에서나 있음직한 일들이 일상적으로 일어나게 되었다. '갈대는 바람에 흔들려 ~'라는 노랫말을 봐도 그러하다. 40대에게 바꿀 수 있는 유리 구두가 없으면 '장애자'요, 50대에게 바꿔 신을 유리 구두가 있으면 '가문의 영광'이라는 유행어가 나돌 정도다. 배우자를 헌신짝 버리듯 하는 것을 찬양하는 노랫말에도 청중들은 박수를 보낸다.

'지나온 그 세월이 얼마인데도 ~ 유리 구두 갈아 신고 ~ ' 오늘도 쏟아져 나오는 노랫소리가 화려한 거리를 채운다. 그럴수록 심장이 터질 듯 설레는 사랑, 비취빛 하늘처럼 청아하고 순수한 사랑, 곱게 물든 연분홍색 꽃잎 같은 사랑이 아쉽다.

인간관계에서 '유리 구두'만큼 위험한 게 또 있을까.

진정으로 사랑하는 연인들의 관계라면 유리 구두가 아니라 가죽 구두일 것이다. 약칠하고 닦으면 다시 반짝거리고, 찢어지거나 떨어지면 꿰맬 수도 있는 '가죽 구두'. 그런 노랫말이 유행되는 때를 기대해 본다.

신종 전염병

'오빠'라는 말이 유행이다.

세상 사람들 중 절반은 오빠다. 남편은 아내의 오빠도 되고 시누이의 오빠도 된다.

'아빠'라는 말도 아리송하긴 마찬가지다.

결혼하여 아들과 딸을 둔 주부들도 흔히 남편을 '아빠'라고 부른다. 당황스럽다. 남편은 아내의 아빠이기도 하고 딸의 아빠이기도 하다. 그러면 그 아내와 딸은 어떤 관계일까.

시간과 장소에 따라 우리가 즐겨 사용하는 용어가 달라질 수는 있다. 그런 것처럼 우리들의 사고방식이나 의식도 여러 이유에 따라 변화를 겪는 것이 자연스런 현상이라 하겠다. 이러한 변화과정을 겪으면서 형성된 습관은 자연스럽게 하나의 '문화'로 정착되기도 한다. 그렇더라도 짧은 세월 틈새를 비집고 들어와 버젓이 '문화' 행세를 하려 드는 '오빠', '아빠'라는 단어는 영 마뜩치가 않다.

연세가 지긋한 할아버지가 이발소에 갔다. 손녀같이 앳되어 보이는 종업원이 익숙한 솜씨로 면도를 하다가 손님에게 말했다.

"할아버지, 이쪽으로 머리를 돌리세요."

노인이 벌컥 화를 냈다.

"할아버지라니, 무슨 말을 그렇게 해!"

어색한 분위기를 느낀 종업원이 당황한 목소리로 응수했다.

"그럼, 뭐라고 불러요?"

"꼭 할아버지라고 불러야 하나, 다른 좋은 말 다 놔두고……. 오빠라고 부르면 좀 좋아."

하지만 그 노인은 아무리 봐도 할아버지임에 틀림이 없다. 주름진 목덜미랑 이마에는 세월의 흔적이 상흔처럼 깊고 선명하다. 젊고 싶은 마음이야 나이와 무슨 관계가 있을까만 유쾌하게 웃을 수만은 없다.

'오빠'라는 단어가 시대적 유행어로 이미 자리를 굳힌

것일까. 하지만 아무리 너그럽게 생각해도 남편이나 노인을 오빠로 부른다는 것은 어색하고 잘못된 것이라 생각한다.

TV에서도 10대 소녀가 팔순의 모 사회자를 보고 오빠라고 부르는 것을 봤다. 뿐만 아니라 뺨에 뽀뽀를 하며 안기기도 했다. 분명히 증손녀쯤 되어 보이는 소녀였다. 오락프로그램이긴 하지만 10대 소녀가 일말의 주저함 없이 할아버지뻘 되는 사람에게 하고 싶은 말이나 행동을 마음껏 하는 것을 보니 세월의 변화가 두렵기까지 하다.

그런 식으로 쓰이는 '오빠'라는 말은 의미 또한 허무맹랑하다는 것을 모르는 것은 아니다.

친구와 함께 식당에 갔을 때였다. 그 식당에는 여종업원이 많이 있었다.

"오빠, 주문하실래요? 오빠, 이것 어때요?"

예쁘고 젊은 여종업원이 낭랑한 음성으로 주문을 재촉할 때마다 오빠라는 호칭을 사용한 것이다. 아버지 나이 되는 나에게…… 오빠라고 불러주는 예쁜 아가씨의 말투가 솔직히 싫지는 않았다. 여동생이 없으니 어릴 때부터 들어보고 싶었던 말이 아니던가. 그래서 우쭐한 심정으로 더 많은 음식을 주문한 적도 있다.

하지만 '오빠'는 나 하나가 아니었다. 식탁마다 주문을 받으러 다니면서 한결같이 애교 어린 음성으로 '오빠'라 불러댔다.

오빠, 아빠 등 언어의 변화 못지않게 유행의 급물살을 타고 정신 못 차리게 몰려오는 것이 어디 한두 가지랴. 젊은이들의 머리 염색도 그러하다. 몇몇 연예인들의 부분 염색 머리가 유행의 급물살에 휩쓸려 전국을 뒤덮는다. 여기엔 TV에 이어 인터넷이 가장 큰 공신이라 하겠다. 그들의 모습을 흉내 낸 은행창구 직원, 동네슈퍼 종업원 등 한결같이 부분 염색을 했다. 생소한 머리 색깔을 처음 접했을 땐 얼떨떨할 뿐이었다. 단순히 개성을 표현하는 것으로만 생각하기엔 지나친 감이 있었다. 이곳이 외국인지 한국인지 구별을 할 수 없다. 노랑, 빨강색은 물론 저승사자처럼 파란색으로 염색하여 거리를 활보하는 젊은이들……. 심지어 무스까지 사용하여 치켜세우니 하늘을 향해 우산을 펼쳐 놓은 것 같다. 다른 사람의 눈에는 어찌 보일지 모르겠지만 나는 영 마뜩하지 않다.

하지만 그렇게 기가 막히던 것도 지금은 TV나 거리에서 쉽게 만날 수 있어서 그런지 그다지 낯설어 보이지는 않는다.

입는 옷도 예외는 아니다. 세계화 바람이 불면서 청바지가 보편화되더니, 낡은 듯 구멍이 난 청바지가 불티난 듯 팔리고, 이어 구멍을 누덕누덕 기워놓은 청바지도 유행한다.

그런데 나는 이런 유행이 거북하다. 물론 미적 감각이나 패션 감각이 뛰어나지 못한 탓이 클 것이다. 디자인을 위한 행위라는 점에서는 어느 정도 이해가 되지만 찢어진 청바지를 입은 사람들에게 그것의 진정한 의미를 알기나 하는지 묻고 싶다. 낡고 닳도록 오랜 세월 아껴 입는 그 정신은 간곳없고 겉모양만 따라하는 모방 자체가 나는 싫은 것이다. 헌옷인 양 일부러 색깔을 바래게 하고, 찢어서 낡은 청바지로 둔갑시키는 유행이 '서양의 찌꺼기 문화를 수입하는' 꼴이 아닐까 염려되기 때문이다. 내 생각이 편협한 탓일까.

모방은 유행을 낳는다. 인간 삶의 고삐를 쥐고 흔드는 게 유행이지만, 그 속에서도 진정 가치 있는 것들을 찾아내어 내 것으로 소화할 줄 아는 지혜가 아쉽다.

거침없이 자유로움을 표현하는 젊은이들에게, 아니 우리 모두에게 '모방'이라는 신종 전염병을 치료할 묘약은 없을까.

　진짜 개성이 무엇인지 바로 알게 하고, 아름다움을 알게 하고, 인간성 회복에 기여하는 새로운 바이러스는 진정 없는 것일까.

리모델링

　시끄러운 소리가 고막을 울린다. 옆집에서 나오는 소음이다. 지은 지 오래된 아파트이기에 방과 거실을 현대식으로 바꾸는 공사를 하는 듯하다.
　오늘날 리모델링의 범주는 다양하다. 도시 가옥을 전원주택으로 꾸미는 것은 말할 필요도 없고 보험까지도 노후설계 등 새로운 것들을 보태는 리모델링을 한다. 심지어 거리도 패션거리, 예술거리 등으로 바꾸고 변화를 시도한다.

　예순이 넘은 이발사 K씨의 얼굴 리모델링이 생각난다. 평소와는 달리 검정색 안경을 쓴 채 일을 했다. 멋으로 여기기엔 지나치게 짙은 색안경이었다. 잠깐 그가 안경 벗는 것을 봤다. 눈가가 붓고 멍들어 있었다. 반달 모양의 검은 자국이 선명하여 사고라도 있었는가 물었지만 말없이 미소만 지을 뿐이었다. 어렴풋 감이 잡혔다. 아하, 그렇구나. 눈 밑의 두툼한 그림자를 제거한 게로구나. 수술 자국을 감추기 위해 안경을 쓰고 있었구나. 아름다운 모습을 유지하기 위해 저렇게 노력하는구나……. 이해가 되긴 되면서도, 젊음을 놓치지 않으려는 마음까지 읽을 수 있어 안타깝기도 했다.

　요즘은 성형하는 사람의 수가 헤아릴 수 없이 많고, 그 비용 또한 천문학적이라고 한다. 성형의 경험이 없는 사람들까지도 매스컴의 보도를 믿어야할지 말아야할지 아리송하기만 하다. 하지만 젊음과 미를 추구하는 인간의 끝없는 욕망을 적나라하게 보는 것 같아 놀라웠다. 이런 욕망을 낳고 키우고 외모로 사람을 평가하는 우리 사회 풍토의 한 단면이기 때문이다. 현실이 이러하고 보니 젊은 이들이 취업이나 결혼에 유리한 조건을 갖추기 위해 약간 성형하는 정도는 탓할 수만도 없다.

　인간은 누구나 출생하여 성장한 후 반환점을 돌아 쇠락의 길로 접어들 때쯤이면 변해버린 자신의 모습을 되돌아

보기 마련이다. 그 누구도 나이 따라 찾아오는 노화현상을 비켜가진 못한다.

나도 십여 년 전부터 하나 둘 보이기 시작한 흰 머리카락이 제법 늘었고, 점점 생기를 잃어가고 있는 눈동자, 주름진 얼굴이 스스로에게도 문득문득 낯설게 보이는 게 사실이다. 세월의 흐름을 실감하게 하는 외적 변화뿐만 아니라 망각의 늪에 빠져 금방 한 일이나 말을 곧잘 잊어버리는 내적 변화 때문에 자괴감에 빠진 일이 어디 한두 번이랴. 이럴 때에는 건물을 리모델링하듯 육신도 정신도 되돌려놓고 싶은 욕망에 휩싸이기도 한다. 하지만 그것도 잠시일 뿐 이내 늙어가는 자신을 인정하면서 웃음으로 얼버무리곤 한다.

나이 따라 늙어가는 것이 자연스러운 일인데 세월의 흔적을 지워보려고 화장품으로 얼굴을 포장하지만 어디 될 법한 일인가. 자연스러운 노화현상을 인정하지 못하고, 거울 앞에서 눈물겨운 노력을 해보다가 뜻을 이루지 못하면 마지막으로 성형수술과 타협하기도 한다. 나이를 거스르고 싶거나 인공미를 자연미인 양 위장하려는 욕망이 앞서, 주름살 제거나 안면근육을 당겨 올리는 수술, 심지어 뱃살 제거까지 서슴지 않는 것이 현실이다.

하지만 그러한 해결책은 외적인 변화만 줄 뿐 내적으론 전혀 변화가 없다. 태어남과 죽음이 기왕지사 피할 수 없는 인간의 일이라면, 삶을 좀 더 구수하고 여유롭게 살아갈 방법을 고심하고 찾는 것이 어떨까. 외모 성형보다는, 내면을 더욱 멋있게 가꾸기 위해 시간과 노력을 투자하는 게 현명하지 않을까.

어느 날 나이 차가 별로 없는 후배가 성형을 하고 나타났다. 너무도 당당하게 나아진 미모를 자랑했지만 내 눈에는 영 어색해 보였다. 정겨운 옛 모습은 신기루같이 사라지고 낯선 얼굴이 되었기 때문이다.

많은 돈을 들여 성형을 하지만 보는 사람에 따라 결과는 다르다. 리모델링을 자랑스러워하든 어색해하든, 더 낫다고 생각하든 더 못하다고 생각하든 그건 각자의 몫이고 생각하기 나름일 뿐이다.

우리나라에선 퇴직을 '종료' 개념으로 받아들이지만 영어로는 'retire'라고 한다. '다시 타이어에 바람을 불어넣어 새롭게 시작한다'는 뜻이다. 이 또한 얼마나 큰 생각의 차이인가. 이 '차이'가 바로 '진정한 리모델링이 무엇인가'라는 질문의 답이 될 것이다.

피카소는 92세까지 작품활동을 했지만, 그 진가는 노년에 발휘했다고 한다. 그 점에 주목하여 내 여생을 위한 사고의 리모델링을 시작해 본다. 우선, 다시 타이어에 바람을 불어넣어 젊게 살아갈 수 있는 방법을 찾아야겠다. 폭넓은 경험에서 얻은 지혜와 현명함은, 젊은 시절의 실수를 반복하지 않도록 하는 데 요긴하게 쓰일 것이다. 흘러간 세월을 억지로 되돌리려 하기보다는, 좋아하는 일을 열심히 하면서 내적인 성장을 꾀해야겠다.

(2008.5.19. 대구일보)

축제 유감

 꽃 소식과 더불어 전국에서 연일 축제가 열리고 있다. 축제 중에는 꽃을 매개로 하여 이루어지는 것이 많다. 매화, 산수유, 벚꽃, 참꽃, 수달래, 심지어 채소의 일종인 유채꽃 축제까지 줄을 잇는다. 그 뿐인가. 대학마다 축제를 열어왔고 지자체에서도 앞 다투어 새로운 축제를 만들어 내니 넘쳐나는 게 축제다. 그러니 언제든 마음만 먹으면 참가할 수 있다.

 하지만 축제의 질이나 참가하는 사람들의 의식수준을 생각하면 기대나 설렘 대신 걱정과 염려가 앞선다. 왜일까.

 축제란 특별한 의미가 있는 날을 기념하거나 사회 집단

의 결속력을 다지기 위한 방편으로 전래되어 왔다. 그러니 대학축제이든 꽃축제이든 나름의 의미가 있어야 하고 그 목적과 의미에 부합되도록 행사를 진행하는 게 당연하다. 정말 매력적인 축제라면 그 축제만의 고유한 특성과 의미가 잘 살아있어야 한다는 말이다.

매년 8월에 치러지는 스페인의 토마토 축제는 전쟁터를 방불케 할 정도이지만 지구촌의 주목을 받는다. 토마토 값 폭락에 분노한 농민들이 정치하는 사람들을 향해 토마토를 던진 것이 축제의 유래라 하니 전쟁을 축제로 승화시킨 셈이다. 마을 광장에 마련된, 기름을 바른 큰 기둥에 매달린 햄을 따게 되면 폭죽이 터지면서 축제가 시작된다. 잘 익은 토마토가 총알처럼 날아다니고, 시민들은 토마토에 모든 고민과 스트레스를 실어 날려 보낸다. 맞아도 웃고 때려도 웃고, 비명소리가 난무하지만 그들은 즐겁다. 단 두 시간의 기쁨을 위해 심고 가꾸고 긴 시간 동안 땀 흘린다는 자체가 정열의 국가답다.

그러나 축제도 좋지만 그 많은 토마토의 잔해를 어떻게 할 것인가. 그 광경을 처음 본 사람이라면 아연실색할 정도다. 그러나 걱정 마시라. 축제 후의 거리 청소는 정말 마술과도 같다. 불과 몇 시간 만에 깔끔한 원상태로 돌아온다. 이 얼마나 멋진가.

우리나라의 대학 축제도 나름의 역사를 가지고 있다. 대학축제, 이 얼마나 가슴 달아오르는 말인가. 그런데 현실은 답답하기만 하다.

우리의 대학생들도 전쟁터의 전사들이 사용하는 것과 비슷한 울긋불긋한 축제 깃발을 꽂고 병사가 머무는 막사 같은 천막을 친다. 자기들이 공부하고 있는 책상들을 천막 안으로 옮기고, 행사 경비를 충당하기 위해 주점을 운영하기도 한다. 술 판매가 시작되는 것이다. 주점 상호도 향토색이 감도는 월매집, 논개집, 황진이집 등으로 짓고, 초롱을 달고 촛불을 켠다. 한 번도 경험해 본 적이 없는 술 판매를 위해 여학생들이 호객 행위는 물론, 막걸리를 주전자에 담고, 전을 굽는다. 그런 모습을 보노라면 우리 사회의 한 단면을 보는 것 같아 씁쓸하다. 밤이 깊어 가면 술에 취한 학생들도 간혹 보인다. 화단이나 운동장을 가리지 않고 고함치며 술주정하다가 제집인 양 그대로 잠을 잔다. 봄비라도 주룩주룩 내리는 날이면 축제에 참여한 학생들은 진흙탕에서 이리저리 날뛰는 개구리 모습이 되어 난장판을 이룬다. 축제의 마지막 날은 요란을 넘은

광란의 무대가 이어진다. 귀가 아프도록 시끄러운 반주에 맞춰 광기를 마음껏 발산한다.

축제는 그들이 학업에만 매달렸던 마음을 달래며 우의를 다지고 사회성을 함양할 수 있는 기회임에는 틀림없다. 그러나 축제가 축제답게 이루어지기 위해서는 질서 있는 행동 속에서 함께 즐길 수 있어야 하고, 서로 배려하며 함께 하는 어울림 마당이 되어야 한다. 모두가 즐길 수 있는 축제가 아니라 난장판과 무질서의 현장으로 변한다면 우리에게 무슨 의미가 있겠는가. 무질서와 환락의 축제 끝에 산더미처럼 쌓인 쓰레기는 또 어떻게 설명할 것인가.

스페인이 지척이라면 단체 견학이라도 보내고 싶다.

(2008.4.14 대구일보)

알레르기 다스리기

　기쁨을 주는 꽃도 때로는 인간에게 눈물을 안겨준다.
　바람에 흩날리는 꽃가루로 인해 눈병을 앓기도 하고 기침과 호흡곤란으로 병원을 찾기도 한다. 꽃가루 알레르기 때문이다.
　나 역시 알레르기에 민감하게 반응한다. 껍질을 벗기면 단물이 줄줄 흐르는 복숭아도 먹지 못한다. 한 입 베어 문 복숭아 즙이 입술을 부르트게 하고 위장을 아프게 한다.
　그보다 더 심한 알레르기는 어린 시절에 겪었던 찬바람이었다. 동짓달에 접어들면 집 밖으로 나가지 못했다. 매서운 겨울바람을 쐬고 나면 온몸에 원형 또는 타원형의 붉은색 부종이 표피에 나타났다. 사마귀와 비슷한 그 돌기는 가려움을 동반했는데, 긁기라도 하면 기름에 불 지피듯 주위로 확산되곤 했다. 특히 감각이 예민한 입술과 눈 주변, 혓바닥에 증상이 심하게 나타났다. 병원이 드문 시절이었기에 민간요법으로 해결하기 위해 탱자와 낙지 삶은 물을 몸에 바르기도 했다. 어머니는 알레르기로 잠 못 이루며 칭얼거리는 나를 위해 밤을 꼬박 새우면서 손바닥으로 온몸의 두드러기를 어루만지고 쓸어 주셨다.

 이러한 알레르기 현상은 인간관계에서도 흔히 볼 수 있다. 거미줄처럼 얽혀서 살아가는 것이 우리네 삶이다 보니 고향 아줌마처럼 푸근한 사람을 만나는 날이면 공연히 기분까지 좋아진다.

 직장 근처 M추어탕집에 자주 들렀다. 국 맛도 구수하고 좋았지만 손님을 대하는 주인아줌마의 편안한 얼굴이 더 좋았기 때문이다. 주로 노인들이 많이 찾는 그 집은 아무런 거리낌 없이 다가갈 수 있고 불만스런 말을 죄다 쏟아내도 마다 않고 들어 줄 수 있는 주인이 있기 때문이었다. 그냥 툭 던지는 말속에도 따뜻한 정이 흐르고, 부족한 반찬 한두 가지를 더 갖다 주는 행동에서도 정이 느껴져 가까운 친척을 만난 듯 반가웠다.

물론 나에게만 베푸는 특별한 친절은 아니었다. 그 집을 방문하는 모든 사람들이 한결같이 그리 느끼는 모양이었다. 그래서인지 늘 손님들로 북적였다. 누구와도 알레르기를 일으키지 않는 편안한 심성 덕분이리라.

이와 반대로 자기중심적인 사람을 만날 때도 있다. 남을 배려하지 않고 언제나 상대방의 약점만 찾아 자기를 과시하는 사람을 만나면 이내 거부 반응이 일어난다. 이것이 바로 알레르기다. 이런 사람에게는 이상하리 만큼 친구가 없다. 이따금 만나는 지인들까지도 곧 알레르기 반응을 일으키고 말기 때문이라 여겨진다.

이러한 예는 주위에서 많이 찾아 볼 수 있다. 아나운서의 말이나 연예인의 처신이나 신문 기사에서 만나기도 한다. 심지어 평생을 함께 살아온 곰국 같은 부부 사이에도 계절처럼 찾아오는 알레르기는 피할 수가 없다. 바로 권태기다. 가슴 한가운데를 도려내는 아픈 알레르기, 슬기롭게 대처하려고 노력하지만 그 고비를 넘기지 못한 사람들은 이혼이라는 마지막 카드를 잡고야 만다. 부적응이란 이름의 알레르기 현상이다.

사람끼리 부딪혀가며 사는 것이 세상 아닌가. 하지만 평범한 일상에서 엇박자가 나올 때는 무작정 피할 수만은 없는 법. 알레르기가 아닌, 따분한 일상을 환기시켜줄 신선한 자극제로 바꿀 수 있도록 평소에 충분한 내공을 쌓아 지혜롭게 위기에 대처할 일이다.

요즘 소고기 수입에 대한 국민의 알레르기 현상도 예외가 아닌 것 같다.

모처럼 만난 친구와 한우전문식당을 찾았다. '만약 한우가 아니라면 1억을 보상합니다'라는 현수막이 버젓이 걸려 있는 것을 쳐다본 친구가 믿지 못하겠다는 표정을 지었다.

"수입소고기를 사용하지 않고는 이익을 얻지 못할 게 뻔하니 거짓말이다."

그가 거부 알레르기를 일으킨 것이다. 그 말을 듣고 나니 발걸음을 돌리지 않을 수 없었다.

정부가 미국산 쇠고기 파문의 수습 해법으로 '재협의'에 나섰다. 대통령은 "다수의 국민이 원치 않는 한 30개월 이상 된 쇠고기를 들여오지 않는 것이 당연하다."고 말했다. 하지만 국민들의 미국산 쇠고기에 대한 알레르기 현상을 잠재우기란 쉽지 않을 것 같다. 촛불시위가 연일 계속되고 있다. 이 얼마나 국력 소모인가. 국민들의 알레르기 현상을 잠재우기 위해, 타인에게 알레르기를 일으키게 하지 않기 위해, 더 많이 고민하고 방법을 찾고 실행에 옮겨야겠다.

어차피 인생은 알레르기로 가득하니까.

(2008. 6. 9. 대구일보)

마네킹

　쇼윈도 안에 있는 마네킹이 깜찍한 얼굴로 손님을 기다린다. 두툼한 겨울 코드를 입어도 날씬한 몸매가 부럽다. 목덜미도 시원해 보인다. 크기조차 실물과 비슷하니 나처럼 눈썰미 없는 사람은 실제 인물로 혼동할 때도 있다. 오가는 사람들의 시선을 끌어들이려고 인간 흉내를 내며 갖가지 포즈를 취하는 마네킹에게서 내 모습을 본다.

　흉내 내는 삶을 이야기한 월북 작가 김용준에 대한 글을 본 적이 있다. 근원수필(近園隨筆)을 남긴 그의 아호가 근원인데 '근원(近園)'이 아닌 '근원(近猿)'이다. 인간은 원숭이처럼 흉내나 내면서 살아갈 수밖에 없다는 의미로 원숭이 '猿'자를 사용하고자 했으나 '猿'자를 넣기 싫어

동산 '園'자로 바꿨다고 한다.

　나 또한 마네킹처럼 흉내만 내는 일이 어디 한두 가지랴. 그 중 하나가 신앙인의 흉내를 내는 것이다.

　오늘도 성당 안은 엄숙하다 못해 경건한 느낌을 준다. 예수 상 앞에 자리 잡고 화사한 자태로 웃고 있는 꽃들과 깨끗이 정리 정돈된 성구, 해맑은 얼굴로 미사를 준비하는 수녀, 이 모든 것들이 한 폭의 수채화처럼 펼쳐진다. 순간 행복감이 밀려온다. 나도 수채화 속으로 들어가 복잡한 인간사 잠시 접어두고 맑은 공기를 마음껏 들이켜는 기분이 들기 때문이다. 곧이어 미사시간을 알리는 촛불이 마음의 빗장을 열고 환하게 켜진다. 오늘만큼은 정성을 다해 미사에 참여해야지 각오를 새롭게 한다. 정적 속을 흐르는 성가가 혼을 싣고 멀리 퍼져나간다. '주여~ 나의 목자 아쉬움이 없도다. ~푸른 풀밭에 나를 인도하시니……' 고운 선율이 나를 이끌어 몸이 두둥실 떠올라 하늘에 다다르는 느낌이 드는 순간, 지난밤 술이 과한 탓인지 잠이 퍼붓는다. 잠 오는 눈꺼풀은 천하장사도 들어 올리지 못한다는 말을 증명이나 하듯이 머리를 계속 조아리기 시작한다.

　시간이 얼마나 흘렀는지 알 수 없다. 결국 비몽사몽(非

夢似夢) 중에 미사가 끝나고 만다. 속 빈 강정처럼 어정쩡하게 신자 흉내를 내며 앉아 있는 내 모습은 영락없는 마네킹이다. 미사 종료 의식이 행해지고 후회하면서 쳐다본 성당 천장은 점점 높아만 보인다.

　의기소침해져 있는 그때 하필 마네킹의 삶과 비교되는 수녀의 모습이 눈에 들어오는지. 검정색 제복을 입은 젊은 수녀가 두 손을 모으고 있다. 정성껏 기도를 한 그녀가 성가 부르는 모습을 엿본다. 멜로디를 타고 날아오는 목소리가 장미향을 싣고 넘실대는 듯하다.

　하지만 성가를 부르면서도 수도자의 음성이 아닌 여성의 고운 호흡이 담긴 노래로 들려 감미롭고, 갈래갈래 흩어지는 분심(分心)은 그녀가 수절한 의미까지 곱씹는다. '몸과 마음을 신에게 바치고 검은 베일을 썼지만 달착지근한 속세의 유혹에 어떻게 버티어 왔을까. 젊은 나이에 영원을 추구하는 희생이 너무 큰 것 아닐까' 따위의 생각들이 꼬리를 문다. 의문이 구르고 굴러 눈덩이처럼 확대된다. 혼란스런 감정을 억누르기 위해 조용히 눈을 감아본다. 하지만 속세의 주판알로 어떻게 손익계산을 튕길 수 있으리.

　얼마만큼 시간이 흘렀을까. 신의 숨결을 느끼고 그 혼

으로 살기 위해 기도를 하고 있는 수녀의 얼굴과, 신자 흉내만 내는 내 모습이 떠오른다. '인간에게 구원의 손길을 뻗어 용서 하는 분이 신이라면 회개하고 매달리는 것이 인간 아닐까'하는 생각이 뇌리를 스치기도 한다. 순간적으로 십자가를 지고 있는 예수님 얼굴과 손에 묵주를 들고 기도하는 수녀의 얼굴이 겹쳐져 상(想)을 맺는다. 견디기 어려운 고통과 아름다운 환희가 함께하는 신비스러운 광경이다.

진흙 속에서 살아온 모습을 숨기려고 악취 솔솔 풍기면서도 이 자리에 와 있는 자신이 민망하여 사죄하는 눈으로 성단 중앙에 위치한 예수 상을 다시 쳐다본다. 죽음을 앞두고 고통 속에서 마지막 숨을 몰아쉬고 있는 예수님의 얼굴이 마네킹 같은 생활에 젖어있는 나의 온몸에 강한 전류를 느끼게 한다. 마네킹 생활에 대한 거부 신호다.

꽃이 향기를 퍼트리듯 진실한 신자의 삶을 통해 이웃에게 행복을 전해야 된다는 생각이 든다. 가식의 옷을 벗고 싶다는 충동이 가슴 한구석에서 일더니 이내 활활 타는 불길로 솟구친다. 주먹을 불끈 쥐어 본다.

온갖 세상사를 기웃거리며 살아온 나에게도 신의 사랑이 몸과 마음을 휘감아 녹여주면 좋겠다. 내 영혼을 희게

빨아주면 좋겠다. 이 역시 욕심(?) 보태는 일에 지나지 않을까 염려스럽지만. 오늘부터라도 마네킹의 삶에서 탈피하고 싶다. 뱀이 허물을 벗듯 묵은 영혼의 껍질을 벗고 진솔한 나로 다시 태어나고 싶다.

(2008. 4.10. 대구일보)

제6부

내 안의 올빼미

루비 76
내 안의 올빼미
백구야, 훨훨 날지 마라
잘 익은 술처럼
두꺼비
망각의 늪
우울증
춤
이제 산을 내려가야겠다

루비 76

　서점에 들렀다 집으로 가는 길이었다.
　백화점 입구 쪽 골목 모서리에 애완견 상점이 즐비하게 들어서 있었다. '분양', '매매'라는 글귀가 눈에 띄었다. 대낮처럼 밝은 쇼윈도 안에 자금자금한 개들이 가득했다. 태어난 지 두어 달 될성부른 놈부터 제법 어미 티가 나는 놈까지, 발을 잔뜩 치켜세운 채 창살에 붙어 세상구경에 여념이 없었다. 다가가자 안겨들 듯 달려오는 놈도 있고, 귀를 쫑긋거리며 재롱을 부리는 놈도 있었다. 꼬리만 살랑대며 웃기도 했다.
　자기를 가둔 게 인간들이건만 한 점 원망 없이 반기는 행위에 가슴이 뭉클해졌다. 선하고 조그마한 연인이 곁에

다가온 듯 정감이 느껴졌다. 그때 푸들 한 마리한테 눈이 가 멈췄다. 저렇게 닮을 수가 있을까. 녀석은 지난날 내가 키우다가 팔아버린 세 마리 개 중 한 마리와 너무나 흡사했다. 놀라움이 일시에 반가움으로 변했다. 눈부시게 흰 저 털옷, 배꼽과 귀 주위에 수줍은 듯 어린 노르스름한 빛깔의 얼룩, 약간 길다 싶은 입모습이며, 눈물이 번져 초콜릿색으로 변한 얼굴까지 영판 먼저 것을 닮았다. 발을 내밀면 몸체가 길게 늘어나 날씬해 보이는 저 맵시마저 흡사했다. 그런 녀석이 물봉숭아처럼 젖은 눈으로 내 눈을 맞추고 있었다. 맑은 동공 속에 내 얼굴이 거울처럼 투영됐다. 개와 함께 지냈던 젊은 한 시절이 영화 필름처럼 스쳐갔다.

셋집에서 살던, 어렵던 때였다. 삼덕동에는 한옥이 많이 있었다. 대문에 적혀있는 '애완견 분양'이라는 문구를 본 순간, 끌리듯 그 집 대문을 밀쳤다. 개 짖는 소리가 처마까지 차올랐다. 바깥에서 보던 것과는 달리 일본풍의 적산가옥인 그 집은 마루가 길었고 그 길이만큼 세월이 흐른 듯 허술했다. 주인을 따라, 아니 냄새를 따라 들어간 방에는 수많은 개가 한곳에 모여 있어 꿈틀대는 것이 물결처럼 보였다.

"이 개는 초보자가 키우기에 딱 알맞습니다. 기후에도 강할 뿐더러 식성도 까다롭지 않지요."

주인이 골라준 개는 시골집 아낙을 생각나게 하는 수수한 모습이었다. 친숙한 느낌이 들었다. 번식에 유리한 큰 체구도 가졌다.

녀석을 데리고 대문을 나서려는데, 갑자기 뒤에서 색다른 톤의 개짖는 소리가 났다. 돌아본 순간, 자기도 데려가 주기를 원하는 듯 또 한 마리의 개가 간절한 눈으로 나를 쳐다보고 있었다. 혼란스러웠다. 두 마리나 어떻게……. 그러나 그 애절한 눈빛은 나를 놓아주지 않았다. 여주인은 "절반 값만 주고 데려 가세요." 하더니 덤으로 다른 한 마리도 더 얹어주는 게 아닌가. 피부병이 있는 개였다. 어찌하다 보니 한꺼번에 세 마리의 개를 데려오게 되었다.

그들을 차에 싣고 집으로 향했다. 황당했다. 어쩌다 이런 결정을 했는지 스스로도 의심스러웠다. 녀석들은 하나같이 귀여웠으나 앞으로 키울 부담이 가슴을 눌렀다. 아내를 설득시킬 묘안도 떠오르지 않았다. 이왕지사 이렇게 된 바에야, 아내에게는 정면 돌파로 무지막지하게 들이밀 방법밖엔 도리가 없었다. 일단 건넌방으로 녀석들을 재빠르게 몰아넣었다. 전략은 적중했다. 아내는 차마 그들을 내쫓지는 못했다.

'개 사육법'이란 책을 구입했다. 개는 논리적으로 인간에 비해 순진하고, 생존과 안락에 유달리 관심이 많다는 것을 알았다. 늘 배우는 자세이고, 체벌을 두려워한다는 사실도 알았다. 주인의 인격을 인지할 정도로 영민함이 있다고도 한다.

그 당시 내가 알고 있던 보석 중 가장 귀한 것이 루비였다. 녀석들을 '루비'로 부르기로 했다. 순서대로 첫째 루비, 둘째 루비, 셋째 루비……. 루비를 3개나 가진 나는 행복했다.

당장 녀석들의 숙소와 생활용품이 필요했다. 목욕이며 대소변 가리는 훈련도 시켜야 했다. 모두 어려운 일이었다. 자신의 몸도 씻지 않기로 유명한 내가, 그들을 목욕시키기가 얼마나 힘이 드는 일인지를 깨닫는 데는 시간이 필요한 게 아니었다. 놈들은 씻길 준비만 해도 벌써 알아채고 몸부림치며 도망가곤 했다. 귀에 물이 들어가지 않도록 귀마개를 해 준 후 천천히 물에 담그면 고분고분하게 말을 들을 경우도 있지만 대부분은 버둥거렸다. 그런 녀석들은 입을 벌리지 못하도록 가는 줄로 동여매기까지

했다. 발발 떠는 루비 3형제의 젖은 몸을 헤어드라이기로 말리고, 빗질을 했다. 나는 영락없는 그들의 어미가 되어 있었다. 삶의 터전을 옮긴 탓인지 그들은 장소를 가리지 않고 아무 데나 실례를 했다, 신문지에 배설물을 묻혀 유도한 후에 베란다에 나가서 용변을 보도록 훈련시켰지만, 셋째 루비는 끝까지 버릇을 고치지 못했다. 설상가상으로 피부병도 차도가 없었다. 그 피부병은 아주 무서운 병이라는 것을 나중에야 알았다. 동물 병원을 수시로 들락거렸다

어느 날, 생각지도 못할 일이 벌어졌다. 루비 3형제가 소란을 피운 것이다. 그들은 습성상 모서리를 그냥 지나치는 법이 없었다, 자기 영역을 표시하기 위해 다리를 들고 오줌을 갈겨놓곤 했다. 출입구에서 시작된 배설물이 집안 모서리 곳곳에 있었다. 흡사 봄철 마당에 감꽃이 떨어져 있는 모양과 같았다. 그 주위에는 그들이 장난친 여러 물건들까지 어지러이 널려 있었다.

그런데 배설물이 있는 곳에 글씨가 적힌 종이가 놓여 있었다. 아내의 글씨였다. '똥', '오줌', '장난 친 것'……, 아무 것도 치우지 않은 채 글로 표시한 그 자체가 도전이었다. 아내는 대단히 화를 냈다. 평소 가지고 있던 감정이

폭발한 것이었다. 그리고 그날 저녁, 아내는 집을 나가버렸다.

밤늦은 시간, 아무것도 모르고 재롱을 부리는 루비 형제들을 껴안았다. 그들의 따뜻한 체온이 나에게 전해졌다. 뺨을 비벼 보았다. 지난밤에 목욕을 시킨 때문인지 향긋한 샴푸 냄새와 부드러운 털 촉감이 상큼하고 참으로 좋았다. 루비들이 숨을 쉬지 못할 정도로 껴안아 보았다. 숨이 막히는 포옹에도 그들은 내 뺨과 손을 핥았다. 이런 사랑스런 모습을 도외시한 아내가 야속하였다. 자정이 되어 장인으로부터 전화가 왔다. 셋방에서 개를 키우는 것은 무리라는 말씀이었다. 아내가 친정에 가서 죄다 이야기한 것 같았다.

그 일이 있은 후, 많은 생각을 했다. 나와 생각이 다른 아내의 마음도 헤아려줘야 한다는 것을 그때서야 느꼈다. 양쪽을 다 사랑하기에 함께 있으면 더 행복할 거라 생각했는데, 이젠 둘 중 하나를 선택하지 않으면 안 될 상황이었다.

사랑하는 루비들과 헤어지는 수밖에 방법이 없었다.

루비들을 보내던 날, 반월당 애견상회 앞에 차를 세우고 오랫동안 차 안에서 그들과 머물렀다. 그들은 가을바람이 몹시 불어 눈을 제대로 뜨지도 못했다. 그들을 넘겨주기 위한 준비를 했다. 특히 피부병이 낫지 않은 셋째 루비가 염려스러웠다. 나보다 더 좋은 주인을 만나기만 기원했다. 잘 가거라, 루비들아……. 그들의 복을 위해 빌면서 마지막 포옹을 하고 상인들에게 넘겨주었다.

혼자 돌아서니 허전함에 눈시울이 뜨거워졌다. 잊기로 했다. 개 키우고 싶은 마음도 접었다.

그때 헤어진, 루비 닮은 개를 보면서 잠시 추억에 젖었으나 다시 발걸음을 옮겼다.

그리고 얼마간의 시간이 흘렀다.

컴퓨터 앞에 앉은 아들의 아이디를 우연히 보게 되었다. 순간 깜짝 놀랐다. 초등학교 시절에 이별한 루비의 이름을 앞에 두고 자신의 출생년도를 그 뒤에 붙여 넣어 합성한 '루비 76'이 아닌가. 가슴이 찡했다.

아들의 마음속에는 아직도 루비들이 살아 있었던 것이다.

내 안의 올빼미
- 올빼미는 결코 먹이를 포기하지 않는다

　전자저울에 눈을 고정한다. 바늘이 평소보다 엄청나게 큰 숫자 위에 머물고 있다. 지난밤 회식 때문에 몸무게가 또 늘었는가 보다. 요즘은 몸무게 때문에 신경쇠약에라도 걸릴 판이다. 어린 시절엔 바람 불면 날아갈 것처럼 날씬했다. 끼니를 잇지 못해 허기진 생활이 만들어준 몸매였다. 청년기에는 풍찬노숙(風餐露宿)과 같은 생활을 했다. 세월이 흐르면 변하지 않는 것 없다더니 내 몸이 이렇게 될 줄 짐작이나 하였을까. 임산부처럼 풍만한 배를 손으로 쓰다듬어 본다. 나이 탓만 할 수는 없다. 부끄러운 마음이 앞선다. 무거운 바위에 가슴을 짓눌리는 심정이 되어 수십 년 전의 생활을 되돌아본다.

고등학교 시절이었다. 너나 할 것 없이 모두가 어려운 때였다. 야간부를 택했다. 만물이 잠들 때가 되어서야 꿈을 키우기 위한 담금질을 시작할 수 있었다. 야간부 학생들은 거의 불우한 환경에서 자라나 배움에 목말라 있었다. 하지만 미래에 대한 열망으로 이글거리던 눈빛은 세상을 죄다 집어 삼킬 것 같은 올빼미의 눈을 닮아 있었다. 그러한 연유에서인지 친구들은 서로의 애칭을 '올빼미'라 했다.

저녁 식사는 교문 앞 풀빵 집에서 해결했다. 즉석에서 노릇하게 구워낸 빵에 흰 설탕을 뿌려 쟁반에 올려놓으면 군침이 사르르 돌았다. 그나마도 호주머니 사정 때문에 풀빵 먹기 전 미리 물을 한 대접 마시는 건 기본이었다.

낮 동안 아르바이트에 쫓기다 보니 학교에 도착하면 저녁나절이다. 열강하는 선생님들이나 친구들의 모습이 좁은 공간을 가득 메우고 있었다.

어려워진 가정 형편으로 고민하던 시기가 있었다. 학업을 이어가기에는 가난의 골이 너무 깊었다. 행상으로 가계를 꾸려가는 홀어머니를 지켜보자니 학업을 계속한다는 것이 아무래도 사치라는 생각이 들었다. 심지어 아래 동생이 집안 환경 때문에 학업을 그만두고 직장 생활하는 것을 보자니 마음이 아팠다. 며칠 밤을 뜬 눈으로 보낸 후 드디어 결심했다.

"선생님, 학교를 중퇴해야겠습니다."

"무슨 말하노. 니만 형편 어려운 게 아이다. 공부란 다 때가 있는 기라. 한 번 시기를 놓치면 되돌릴 수 없는 거야."

담임이었던 꽁치 선생님이 깜짝 놀라셨다. 그날 밤, 집에 돌아와 곰곰이 생각을 했다. 뜬눈으로 밤을 새우며 새로운 각오를 했다. 올빼미, 잠시 내가 올빼미인 것을 잊고 있었다. '올빼미는 결코 먹이를 포기하지 않는다'라는 어구를 큼직하게 써서 책상 위에 붙였다. 선생님의 충언을 재충전의 기회로 삼아 포기하지 않고 학업을 이어나가기로 했다.

고3 마지막 학기 때는 실습 명목으로 산업현장에 있었기에 졸업식에도 참석 못한 채 졸업장만 받았다. 그때 선생님의 배려가 없었다면 오늘의 내가 없었다는 것을 생각하니 세상 떠난 스승의 고마움에 지금도 가슴이 뜨겁다.

제대 후 늦은 나이에 교육대학에 입학하여 6년 후배들과 어울려 학업을 이어갔다. 시골에서 교사 생활을 하면서도 배움에 대한 열정은 늘 속에서 활활 타고 있었다.

다시 야간 대학, 야간 대학원으로 적을 옮겨가며 공부를 했다. 올빼미가 밤을 이용하여 사나운 발톱과 매서운 눈, 딱딱한 부리로 적을 공격하듯 나도 교육학, 영문학, 경제학 등 닥치는 대로 전공을 바꾸면서 원하는 공부를 공격했다. 쉽지만은 않았다. 이어폰을 끼고 다니다가 누군가 간첩으로 신고하여 파출소에서 진술서를 작성하던 일, 원어민 발음을 흉내 내느라 중얼거리며 길을 다니다 미친 사람으로 오인 받은 일, 수학의 기초지식이 부족하여 밤을 꼬박 새우고도 해결 못한 수리 경제학 때문에 가슴 답답했던 일, 대학 첫 강좌를 맡아 학생들에게 마음먹은 대로 강의를 못해 당황했던 일 등 어려움이 꼬리를 물고 이어졌다. 한 고비를 넘고 나면 또 다른 시련이 덮쳐오는 악순환을 숙명처럼 받아들였다. 그때마다 어두움 속에서도 먹이 낚는 기술을 익히기 위해 수많은 시행착오를 거듭하면서 마침내 먹이를 낚아채는 내 속의 올빼미를 일깨웠다.

  그런데 지금 내 속에는 올빼미가 없다. 이미 달성한 목적지에는 황혼의 그늘만 드리워져 있고, 덩그렇게 남은 둥지는 작은 바람에도 부서질 것같이 흔들린다. 새로운 길을 찾기에는 시력도 형편없어진 지 오래다. 편한 곳에만 안주한 탓일까. 목적을 위해 긴장으로 밤을 지새우던 올빼미가 사라졌다.

  굶주림과 세찬 비바람 속에서도 꿈과 야망과 열정으로 살아온 그 시절이 그립다. 내 안의 올빼미가 그립다.

백구야, 훨훨 날지 마라

　이따금 술 생각이 날 때가 있다. 그럴 때면 소주를 들이 켠다. 짜릿한 알코올이 목구멍을 타고 넘어가 가슴 속이 확 트이는 듯하다. 연거푸 잔을 비우자 술기운이 전신을 휘감는다. 대지가 봄비에 촉촉이 젖어들 듯 몸과 마음에 술이 스며들자 생각지도 않은 노래가 나온다.
　"백구야 훨훨 날지 마라, 너 잡을 내 아니다~~······."
　자연스럽게 입에서 나온 노랫말이다. 조용히 불러본다. 취중에, 하필이면 그 노래가 나오는지 모르겠다. 운율이 있고 가사가 있으니 노래라고 해야 될지, 흥겹기는 해도 중얼거리니 푸념이라고 해야 될지 불러놓고도 알 수 없다.

백구야 훨훨 날지 마라~~.

짙은 안개 속에서 길을 잃고 헤매다가 우연히 그 노래를 통해 다시 길을 찾은 듯한 느낌이 스멀스멀 차오른다. 설명할 길 없는 설렘에 밀려 흐릿한 기억을 더듬어 본다. 오래 전 세상을 떠나신 아버지의 모습이 떠오른다. 술이 확 깨는 느낌이 들어 자리에서 벌떡 일어난다. 오랫동안 마음 깊숙한 곳에 잠재되었던 감정이 북받친다. 그리움에 창 쪽으로 얼굴을 돌린다.

초등학교 입학 전 7살 때쯤이었나 보다. 반세기도 훨씬 넘은 세월이다.

"규야, 박 씨 집에 가서 막걸리 한 잔 받아 오너라."

위엄을 가지신 아버지의 분부였다. 어둠이 내리고 있는 초저녁, 이미 만취하신 아버지가 어린 나에게 왜 술 심부름을 시켰는지 지금도 모를 일이다.

주점 아주머니는 어린 내가 술을 사러 온 것이 기특했는지 양동이 안에 있는 막걸리를 바가지로 휘휘 저은 후 놋대접에 가득 채워주었다. 찰랑거리는 막걸리 대접을 두 손으로 꼭 잡고 어둠이 점점이 내리는 골목길을 한 발 한 발 걷기 시작했다. 발 떼기가 무척이나 힘들었다. 낯익은 길이었지만 밤이 되니 낯선 길로 변해 있었다. 한두 발자국 떼면 술이 찰랑 넘치고 서너 걸음 가면 출렁 넘쳐 손가락을 타고 줄줄 흘러내렸다. 아깝다는 생각이 들었다. 고양이가 빈 밥그릇 핥듯 나는 그 술을 모조리 혀로 핥았다. 쌉쌀하고 톡 쏘면서도 감칠맛을 더하는 막걸리, 그것이 술과의 첫 만남이었다.

전주(前酒)가 있으신 아버지는 갖다 드린 막걸리를 벌컥벌컥 들이켜고는 흥에 겨워 흥얼거리셨다. "백구야~, 훨훨~ 날지 마라. 너~ 잡을 내 ~ 아니다~~~……." 노래를 부르면서 잠이 드셨다.

3년 후 아버지는 위장병으로 돌아가셨다. 그때부터 우리 가족은 험난한 생존 투쟁의 파고를 넘어야 했다.

철부지 시절 어두운 골목길에서 맺어진 술과의 인연이 오늘날까지 줄기차게 이어지고 있지만 어머니의 하소연과 눈물을 지켜보면서 자란 터라 과음은 경계대상이란 생각을 늘 하면서 살아왔다. 술은 '마시는 것'이 아니라 '즐기는 것'이라는 관념이 그 어린 시절에 이미 싹튼 것 같다.

그러나 세상만사가 어디 내 뜻대로만 되랴. 더러 실수할 때도 있고 아쉬움에 술자리를 떠나지 못할 때도 있다.

한 해가 저물어 가는 어느 해 12월이었다. 삿갓을 꿰뚫는 담뱃대 그림 사이로 '동동주'라는 글자가 비스듬히 나를 보고 웃고 있었다. 참새가 방앗간을 어찌 비켜 가랴. 그 주점으로 발길을 옮겼다. 찹쌀 동동주가 기다리고 있었다. 전배기인 동동주는 보통 물을 희석해야 되는데도 주인아주머니는 합천에서 술을 빚어 그대로 가져온다고 했다. 과연 첫잔으로 그 술의 진가를 알아차릴 수가 있었다. 입속에 녹아드는 감칠맛이 어린 시절에 만난 바로 그 술인 것 같았다. 그러고 보니 아버지가 좋아하시던 그 술이 지금 내 앞에 와 있는 것이 아닌가. 연거푸 마셨다. 잔 속에는 시공을 뛰어넘는 아릿한 그리움이 서려 있었다. 아버지의 술심부름을 하던 어린 시절이 그리워졌다. 아버지도, 아버지의 그 노래도 다 그리웠다. 그러다보니 두 되나 되는 술을 다 마시고 말았다. 그 이후 어떻게 집에 도착하였는지는 알 수 없다. 실수를 한 것도, 술값도 낸 기억도 나지 않았다. 며칠 후 들리는 소문은, 그날 호주머니를 털어 죄다 술값으로 주고 걸어서 집에 가겠다고 나서는 나를 그 집 주인이 말려서 택시 기사에게 안전 귀가를 부탁하였다고 했다. 아직도 그때의 내 행적은 미스터리로 남아 있다. 술이 이렇게 나의 정신세계를 통째로 마비시키는 신비한 힘을 발휘하는 것임을 새삼 느낀다.

핏줄은 보이지 않는 실로 꼬여진 동아줄인가 보다. 부전자전(父傳子傳)으로 나도 그 줄을 놓지 못한다. 외로움이 밀물처럼 몰려올 때나 채워지지 않는 아쉬움으로 잠 못 이루는 밤이면, 조용히 술과 마주한다. 가슴 깊이 녹아드는 술, 마음속의 모든 고민과 어려움을 감싸준다. 평생을 술과 함께하신 아버지처럼 나 또한 그 길을 걷고 있었다. 술의 감미로운 유혹에서 벗어나지 못한 이 시간, 푸른 구름 사이로 백구가 훨훨 날아가는 창공에 아버지의 얼굴이 가물가물 떠올랐다 사라져 간다. 술을 더 들이켰다. 취한 나는 아버지께 다가가려 하지만 손잡아줄 아버지는 그 자리에 계시지 않는다. 아버지 나이를 훌쩍 뛰어넘어 삶을 이어가고 있는 오늘만큼은 내 노래가 아닌 아버지의 노래를 부르고 싶다.

"백구야~, 훨훨~ 날지 마라 너~ 잡을 내~ 아니다~~……."

잘 익은 술처럼
- 내 친구 수석

만개했던 봄꽃들이 흩어져 내린다. 이런 날이면 수석을 벗하여 마음을 달래곤 한다. 그들의 얼굴에서 수천 년 동안 비바람에 씻겨 다듬어진 인고의 세월을 짚어본다. 절묘하게 빚어진 모습을 보고 있노라면 더러는 누룽지 같은 구수함이 느껴지기도 한다.

사람이 각자 개성을 가지고 있듯 수석도 각각 다른 모습과 특성을 가지고 있다. 파도를 막아주는 포구, 시원하게 펼쳐진 들녘도 있고 폭포도 있다. 용틀임하며 하늘을 치솟는 용머리상과 이국의 정취를 느끼게 해주는 황갈색 동굴도 있다. 그뿐이랴. 노루와 산짐승이 즐겨 찾는 산이랑 호수, 추억을 어루만져주는 국화와 해바라기 꽃들도 품고 있다.

수석은 한마디로 물과 바람, 세월이 결합하여 빚어낸 종합 예술품이다. 자연의 응축물이다.

수석은 감상하는 방향에 따라 형상을 달리한다. 물론 의미도 달라진다. 이것이 바로 수석의 매력이리라.

요즘은 인위적으로 수석을 만드는 사람들도 있다고 한다. 돌에 약품 처리를 하여 보름달을 만들어 넣거나 구름을 만드는 것이 유행하고 있다. 바람직한 행위는 아니지만 이상형을 갈구하는 인간의 욕망 추구로 본다면 애교 어린 행위로 봐 줄 수도 있겠다. 하지만 가짜와 진짜를 구별하기 힘들도록 만들어 속여 파는 행동은 비난받아 마땅하지 않을까.

그들은 오랜 세월이 빚은 자연의 형태를 순식간에 바꾼다. 돌을 구해서 원하는 형태로 디자인하며, 정으로 알맞게 쪼아 인간이 좋아하는 모습으로 다듬는다. 심지어 드릴로 구멍을 내어 동굴이나 호수를 인위적으로 만들기도 한다. 드럼통에 돌과 모래를 넣어 여러 날 동안 모터로 돌리면 새로운 수석이 만들어지기도 한다. 인공 수석이다. 돌들은 드럼통 속에서 모래와 섞여 마모되고 다듬어지는 동안 소리 없는 신음을 토한다. 흡족하지 못한 부분은 마치 여인들이 화장을 하듯 사포로 화장을 시킨다. 이렇게 작업을 마치면 거친 돌은 자신의 의지와는 관계없이 신분이 바뀐다. 그런 다음 자연산 수석의 라벨을 달고 시장에 선을 보이게 된다. 하지만 지금까지 자연의 숨결을 느끼고 바람소리와 물소리를 벗 삼아 살아오던 수석은 더 이상 호흡을 하지 않는다. 인위적으로 만들어졌기 때문에 본래의 몸은 간곳없고 낯선 형체만 있는 것이다. 거기에다 물을 뿜어보면 물이 피부에 머물지 못하고 주르르 흘러내린다. 만신창이가 되어 자연스럽게 물을 품지 못하고 즉시 말라버리는 수석, 더 이상 예술품이 아닌 미끄러운 물체일 뿐이다.

  우리 사회에도 이 같은 현상이 비일비재하다. 얼굴은 물론 몸 전체를 뜯어고치는 성형수술이, 흡사 가을 갈대숲에 불길 번지듯 사회 전반에 번지고 있다. 신체적인 결함을 고치기 위해서라면 이해할 수 있다. 그러나 각자 타고난 개성을 무시하고 모조리 뜯어고친 비슷비슷한 얼굴을 보면서 깜짝 놀라곤 한다. TV화면으로 만나는 연예인들은, 수십 년 동안 보아온 얼굴이지만 시청자들과 함께 늙어가지 못하고 여전히 젊기만 한 사람들이 대부분이다.

아무리 화면으로 만나는 사이라도 자꾸 보면 정감이 생기는 법인데 온통 젊은이뿐이다. TV 탤런트, 가수들의 얼굴에서 정다움 대신 아쉬움을 느끼는 것이다. 모조품 수석에서 아쉬움을 느끼는 것과 무슨 차이가 있을까.

개성 있는 얼굴이 그립다. 주름이 사라진 어색한 모습에서 어머니의 인자하고 푸근함을 느끼기 힘들고, 30대도, 40대도 20대 같기만 한 성형미인에게서 개성을 기대하기란 어려운 일이다. 이를 과연 성형의 긍정적인 효과라 할 수 있을까. 모조품 수석을 볼 때와 비슷한 안타까움을 느끼지 않을 수 있겠는가.

수석은 나름대로 의미를 가지고 인간과 만난다. 오묘한 신의 솜씨를 찾아보기 위해 그들 사이를 헤맬 때가 있다. 그럴 때마다 기이한 현상을 경험하곤 한다. 수석 속으로 육신과 혼이 빨려 들어가는 것이다. 기분이 상쾌한 날에는 수석에게서 환희의 소리를 듣는다. 그들은 살아 움직이면서 물소리를 만들고 숲의 바람도 일구어낸다. 태양이 있는 문양은 마음을 환하게 밝혀주며 희망을 맛보게 한다. 마음이 언짢은 날에는, 수석이 품은 초승달이 비련의 운명을 타고난 공주의 눈썹처럼 보이고, 산과 호수에서는 말 못할 사연을 안고 죽은 여인의 한(恨)을 느끼기도 한다.

　수석은 절묘한 형상을 갖추지 않아도 상관없다. 둥글넓적한 몸매를 지녀도 좋다. 세상 사람들이 각각의 개성을 가지고 있듯이 그들도 그들 나름의 특성을 가지고 있기 때문이다. 바라보고만 있어도 즐겁다. 수석은, 금방 살가운 정이 들지 않아도 오래 보고 있으면 잘 익은 술처럼 자연스럽게 정이 스며든다. 그래서 친구다. 이런 친구가 있어 한없이 좋다.

두꺼비

　가랑비를 흩뿌리고 있긴 하지만 잔뜩 찌푸린 하늘은 금방이라도 한바탕 퍼부을 것 같다. 우중충한 날씨에다 가을을 재촉하는 바람까지 불어 을씨년스럽기만 했다. 태풍이 남쪽에서부터 올라오고 있다는 소식을 들었지만 평소대로 새벽에 용지봉 산책길을 나섰다.
　외진 산기슭을 도니 상수리나무들이 안개 속에서도 희미하게 모습을 드러냈다. 지난밤 시련을 견뎌내고 마침내 미명 속 첫 친구를 반겨주었다. 횡횡 스쳐가는 바람은 소나무들을 일깨우고 굽이치며 달아났다. 지난밤 내린 비로 옆의 계곡물 소리가 제법 거칠게 들렸다. 인적 없는 신새벽에 자연의 거친 숨소리를 듣자니 두려움에 슬그머니

산을 내려올 뻔했다. 정체 모를 불안감을 애써 외면하고 길을 따라 올랐다.

　우연히 반가운 친구를 만났다. 뒤뚱거리며 길을 가로막는 시커먼 물체, 놀란 마음을 진정하고 자세히 보니 두꺼비가 아닌가. 이곳에서 만날 줄 짐작이나 했겠는가. 아마 간밤에 비 내린 계곡에 작은 웅덩이라도 만들어 보금자리가 생긴 모양이다. 두꺼비는 나를 보더니 엉금엉금 길 건너 수풀 속으로 숨어 버렸다. 거친 물소리 가득한 새벽 산길에서 일말의 무서움까지 일었던 터라 처음으로 만난 두꺼비가 더욱 반가웠다.

　사나운 비바람과 어두운 숲 속에서 용케도 생존한 그가 대견했다. 호기심에, 사라진 숲을 헤치고 계곡 쪽으로 몇 발자국 옮겨보니 두꺼비는 풀잎을 깔고 앉아 마치 운동선수가 경기를 마치고 숨을 고르고 있는 것처럼 할딱거리며 물끄러미 나를 마주보았다. 감동적인 한 폭의 정물화였다. 우툴두툴한 황갈색 피부에다 눈 둘레에는 둥글고 검은 점을 가진 기억 속, 추억 속의 그가 분명했다. 턱밑을 할딱거리는 몸동작만 없었더라면 죽은 것으로 착각할 정도였다. 숨겨진 뒷다리는 보이지 않았지만 제법 몸집이 크고, 접근할 수 없는 위엄까지 갖추고 있었다.

두꺼비와 마주 보고 있자니 좋은 느낌이 들었다. 복두꺼비를 만났으니 '오늘은 좋은 일이 있겠구나' 하는 생각과 동시에 그에 대한 여러 가지 기억들이 모습을 드러냈다.

며칠 전 TV에서 '전국노래자랑'을 봤다. 사회자 송 아무개는 노령에도 불구하고 매우 인기가 있는 사람이었다. 아흔 살이 된 한 출연자가 노래자랑 무대에 선 것도 구경거리였지만 건강상태가 매우 좋아 보여 '어떻게 건강관리를 하였을까' 궁금해질 정도였다. 노래를 하기 전 출연자가 사회자에게 호를 지어 주겠다고 했다. 방청객들도 조용히 기다렸다.
"떡두꺼비!"
노인이 큰 소리로 외쳤다. 그렇다. 떡두꺼비보다 더 좋은 말이 어디 있을까. 말 자체로 이미 복을 함축하고 있지 않은가. 모습이 두꺼비를 닮아서가 아니라 복을 많이 기원하는 의미로 그런 호를 지었을 것이다.
요즘도 나이 든 사람들은 흔히 아기를 보고 "그 놈 떡두꺼비처럼 생겼다."라고 말하곤 한다. 떡두꺼비 같은 아들 가지는 것을 최고의 복으로 알아왔기 때문이리라. 뿐만 아니라 두꺼비는 사람에게 이익을 주는 동물로 인식하고 있다. 많은 동화나 설화 등에서도 두꺼비를 나쁘게 묘사해 놓은 경우는 거의 본 적이 없다. 어리석은 자가 실제로는 지혜롭다는 설화 '두껍전'이 있고, 은혜를 갚기 위하여 지네에게 죽게 된 소녀를 살리고 대신 죽는다는 내용의 설화 '지네장터' 등이 그러하다. 어디 그 뿐인가. '두꺼비집 짓기' 놀이는 또 얼마나 재미나고 친숙한 놀이였던가.

두껍아 두껍아 헌집 줄게 새집 다오.
두껍아 두껍아 물 길어 오너라 너희 집 지어줄게.
두껍아 두껍아 너희 집에 불났다.
쇠스랑 가지고 뚤레뚤레 오너라.

아이들은 흙더미나 모래 속에 손을 넣고 두드리며, 장단 맞춰 노래하며 두꺼비집 놀이를 했다. 더 단단한 집이 지어지길 바라는 마음, 그것이 바로 아끼고 보호하겠다는 애정이 아니겠는가.

M식당 마당의 두꺼비는 참 멋이 있다. 화강암으로 된 암수 한 쌍으로 그 집 대문 입구에 앉아 있다. 수년째 그

집을 드나들며 본 두꺼비의 모습은 볼수록 반갑고 포근하다. 볼 때마다 새롭다. 앞으로 툭 튀어나온 왕방울눈의 그 푸근함만으로도 상처받은 마음이 위로받는가 하면 웅크리고 앉은 자태는 다정스럽기까지 하다. 어느 때는 앞만 보고 달려온 나에게 천천히, 천천히, 뒤로 돌아보라 속삭이는 것 같기도 하다. 차가운 돌에 지나지 않지만 녀석을 만날 때마다 쓰다듬거나 어루만져 본다. 두꺼비 형상만으로도 내 마음이 복을 기원하면서…….

이런 게 어디 나 혼자의 느낌이겠는가. 두꺼비를 상표나 상호로 내건 경우는 또 얼마나 많은가. 그리웠던 지난 시절에 소주도 두꺼비표 소주로 한 잔하고, 식사도 두꺼비 식당에서, 대화도 두꺼비 다방에서……. 그렇게 두꺼비란 이름이 애용된 것은 잠재된 좋은 인식과 함께 두꺼비가 도움을 주는 존재로 각인된 때문이었을 게다.

두꺼비가 얼마나 유익한 동물인지는 몇 년 전 황소개구리 사건에서도 입증되었다. 황소개구리는 엄청난 식욕으로 우리나라의 토종 물고기나 다른 파충류, 심지어 뱀까지도 잡아먹었다. 토종 물고기들의 씨를 말린다는 우려가 커져만 갔다. 실제로 그 피해는 대단했다. 어두운 밤이나 인적이 없는 강가, 연못에서 울어대는 황소개구리 소리는 천지를 진동시켰다. 이를 퇴치하기 위해 전국 시 군에서 황소개구리잡기 대회를 개최하여 많이 잡는 사람에게 시상을 하는 등 웃지 못 할 일이 벌어졌다. 고육지책의 행사였던 만큼 큰 효과는 없었다.

  그런 황소개구리의 천적이 바로 두꺼비였다. 두꺼비는 적을 만나거나 위험에 처하면 사지를 오므리고 머리를 숙여 귀 샘을 적의 코앞에 내민다. 이때 귀 샘에서 분비되는 부포톡신이라는 액은 동물들의 구강이나 점막에 묻으면 염증을 일으키고 심근과 신경중추에 작용해 적을 꼼짝 못하게 한다. 그런 후에 싸움을 시작하여 자기 몸보다 더 큰 황소개구리를 잡아먹는다. 대중매체를 통해 그러한 사실을 알고 난 후 얼마나 뿌듯하고 우쭐했는지 모른다. '두꺼비 만세'라고 소리치고 박수를 보냈다. 오장육부가 다 후련했다. 외국의 황소개구리를 쳐부순 우리의 작은 두꺼비가 영원히 우리와 함께 생활해 주길 바라는 마음이 간절히 솟구쳐 올랐다.

  그러나 이렇듯 복을 주고 용맹하기까지 한 두꺼비가 수난기를 맞고 있다. 뒷다리가 짧아 걸음질도 잘 못하고 몸이 커서 뛰지도 못하는 그들은, 인간이 잡으려고 마음만 먹으면 꼼짝없이 잡히고 만다.

사람들은 민간요법으로 두꺼비를 사용하기도 하고 스태미나 식품으로 먹기도 한다. 더욱 심한 것은 두꺼비를 보는 족족 모조리 잡아 말려서 팔거나 두고두고 먹는 사람도 있다. 그 뿐이랴. 살아있는 두꺼비 등에 칼로 상처를 내어 양철통 속에 넣어놓고 두드리면 두꺼비가 스트레스를 받아 독(부포독신)을 뿜어내는데, 그 독으로 사람들의 상처를 치료한다고 한다.

우리의 친구이자 많은 도움을 주는 두꺼비가 인간의 이기심과 근시안적인 사고로 인하여 멸종되어 가고 있다. 개울이나 연못, 심지어 장마철엔 집 뒤뜰까지 엉금엉금 기어 나와 우리와 함께 생활하던 두꺼비의 모습을 요즘은 안타깝게도 보기가 어렵다.

이런저런 생각을 하자니 두꺼비에 대한 애련한 감정이 더욱 증폭되어 온다. 계곡 웅덩이에 삶의 터전을 잡은 두꺼비가 이 숲에서 오래오래 편안하게 살기를 기원하며 산을 올랐다.

망각의 늪

　기억한 일이 갑자기 떠오르지 않을 때가 있다. 그럴 때마다 허둥거린다. 옷을 차려입고 길을 나섰다가 소나기를 만난 듯 당황한다. 온몸이 흠뻑 젖는 낭패감도 느낀다. 요즘 부쩍 그런 일이 잦다.
　눈이 침침하여 마련한 돋보기를 어디에 두었는지 이곳 저곳 기웃거리는 일을 경험하고 난 후 궁여지책으로 화장실, 서재, 식탁, 안방 등 자주 이용하는 곳에 한 개씩 준비해 두었다. 그것을 찾아 헤매는 수고로움은 사라졌지만, 하나의 효용가치를 실현하기 위해 여러 개의 돋보기를 준비하는 행동에 강한 좌절감마저 생긴다. 세월의 흐름과 기억력은 정비례한다는 것을 새삼 느끼고 있다.

'나의 건망증'이란 글을 쓴 수필가 K는 '잊음은 사랑처럼 달콤한 유혹이고 입에 넣으면 사르르 녹는 아이스크림의 단맛 같은 황홀한 쾌락, 고통에서 재생하는 새 삶의 예지로 본다'라고 했다. 더 나아가 그것은 '체념이요, 도피요, 상실이 아니다.'라고 주장했다.

하지만 나의 경우는 다르다. 마치 덜 익은 과일을 먹고 난 후 목구멍이 막혀 있는 것처럼 답답하다. 희미한 기억을 찾기 위해 노력할 때면 현기증마저 일어난다. 차근차근 지나온 미로를 찾다 보면 아무 것도 생각이 나지 않고 눈앞이 하얄 뿐이다. 건망증에 대한 평가를 아무리 좋게 하더라도 정신을 깡그리 말살시키는 궤적이 된 것 같아 안타깝다.

나도 기억력에 자부심을 가졌던 때가 있었다. '70년대 초입이다. 청년 교사 시절, 학생들의 출결 확인을 위해 만든 출석부가 나에게는 필요치 않았다. 60여 명 학생들의 이름과 번호를 순서대로 외운 것이다. 출석부를 사용하지 않고 한 사람씩 확인하곤 했다. 억지로 외우려고 노력한 것이 아닌데도, 자연스럽게 이름을 외울 수 있었던 것은 젊은 시절의 기억력 덕분이리라.

의학적인 해석은 알 수 없지만 기억력 감퇴는 세월의

흐름에 따라 기억을 저장하는 뇌의 기능 저하 때문에 오는 것이 아닐까 여겨진다.

　봉사활동을 할 때 요양원에서 만난 K할머니가 생각난다. 할머니는 벽지 뜯는 습관을 가지고 있었다. 벽지가 뜯겨나간 자리를 손톱으로 계속 후벼 파면서 벽을 향하여 알아듣기 어려운 말을 중얼거렸다. 무의식중에 그런 행동을 반복하던 할머니에게도, 가뭄 탄 논에 비가 내려 생기가 도는 것처럼 제 정신이 찾아올 때가 있다. 그럴 땐 벽을 보고 나무란다.

　"누가 벽지를 뜯었나, 참 몹쓸 짓을 했구나."

　K할머니는 어김없이 벽을 보고 나무란다. 자신이 한 행동을 잊은 K할머니……. 세월이 유죄다.

　검은 머리카락이 명주실보다 더 고운 흰머리로 변하거나 아름다운 얼굴이 주름진 얼굴로 바뀔 때만 세월의 무게를 느끼는 것이 아니다. 건망증이 서슬 퍼런 칼날을 치켜세우고 찾아오기 때문이다. 반갑지 않은 초대지만 응하지 않을 방법이 없다.

　하지만 이런 상황에서도 이성간의 정은 본능적으로 흐르는가 보다. 그런 걸 보면 사라져가는 기억과는 아무런 관계가 없는 듯하다.

요양원에 입원한 사람들은 저녁식사를 한 후 휴식시간을 갖는다. 복도를 어슬렁거리며 가벼운 운동을 하거나 TV시청을 하는데, 중증 환자를 제외한 대부분의 환자들에게 주어지는 자유로운 시간이다.

그 시간이면 어김없이 K할머니를 찾아오는 사람이 있다. 할머니의 남자 친구 H할아버지다. H할아버지 역시 K할머니와 비슷한 증세로 입원한 치매 환자다. 그는 미소를 머금고 인사를 하며 할머니에게 말을 건다. 가물거리는 기억을 찾아 의미 없는 대화를 나누는 가운데서도 할머니를 바라보는 눈은 정이 담겨 있다. 은근히 할머니의 손목을 잡기도 한다. 그럴 때마다 할머니는 여성 특유의 몸짓으로 방어 흉내를 내면서도 싫어하지 않는 표정을 짓는다. 할아버지는 짓궂게 더 가까이 다가앉으며 어눌한 말투와 몸짓으로 '내가 당신을 좋아하고 있다'는 시늉까지 한다. 앵무새마냥 즐겁게 노는 그들의 모습을 보면 어디까지가 온전한 마음으로 하는 행동인지 가늠하기가 어렵다. 두 사람 다 기억을 잃어가고 있는 환자이기 때문이다. 간혹 H할아버지의 친지가 면회를 온 날이면 선물로 받은 초코파이가 K할머니 손으로 전해진다. 곧 낙화할 꽃에서 최후의 꿀을 채취하는 벌의 행위와 무엇이 다르랴. 그래도 그 모습이 아름답게 보인다.

　어쩌다 기저귀를 챙기는 할머니의 손끝을 보며 뺨을 어루만져주던 할아버지가 보이지 않을라치면 할머니는 초점 없는 눈으로 복도를 물끄러미 바라보며 기다린다. 그 눈빛에서, 세월보다 더 무서운 '이성간의 정'을 엿본다. 이 정은, 구름처럼 덧없이 흐르는 세월 속에서도 반짝이는 보석 같은 것이 아닐까.

　끝없는 망각의 늪에 발목이 잡혀 살아갈 수밖에 없는 인간에게 그래도 마지막까지 '이성간의 정'이란 게 존재하고 있어 그나마 다행이다.

우울증,

친구 K가 입원을 했다. 말을 잊어버리고 침묵에 갇혀 지낸다는 소식이다. 그의 병명은 우울증이라고 했다. 단순히 우울하다는 것의 범위를 넘어 행동이나 말, 사고방식에 변화가 일어나 친지나 친구의 병문안조차 막는다는 것이다. 그는 오랜 세월 거머리처럼 붙어 다닌 가난의 굴레에서 벗어나 초로에 접어들어 성공한 사업가가 되었다. 과묵한 그가 술잔을 앞에 두고 더듬거리는 말로 정담을 나누던 모습이 떠오른다.

우울증은 '마음의 감기'라고 불린다. 누구에게나 찾아올 수 있기 때문이다. 원인 또한 어느 한 가지로 단언할 수 없을 만큼 복잡하고 다양하다. 많은 학자들이 일반적으로 지적하는 원인 중 하나로, 복잡하고 바쁜 현대생활로 인해 '햇빛에 노출되는 시간의 감소'를 들 수 있다. '햇빛을 너무 적게 쬐면, 세로토닌의 생성이 줄어들어 우울한 감정이 생긴다고 한다. 우울증 치료에 많이 사용되는 것은 항우울제다. 그러나 동양의학에서는 우울증을 마음이나 뇌의 병으로 보고 항우울제만을 복용하는 것에는 한계가 있다고 한다. 우울증이 있는 사람들의 신체 열 분포도를 측정해 보면 공통적인 특징을 발견할 수 있는데, 이 열을 해결하는 것이 우울증 치료의 핵심이라는 것이다. 우울증을 화병이라 부르는 이유도 어쩌면 여기에 있는 것이 아닌지 모르겠다.

　나 역시 불안장애인지 우울증인지, 그 비슷한 경험을 한 적이 있다. 초임 교사 시절, 도회지 생활에 젖어있던 탓인지 나이답지 않게 겁이 많았다. 시골이라 자취방을 구할 때까지 숙직실에 머물게 되었다. 산골생활에 적응하기가 어려운 것이 아니라 밤이 되면 찾아오는 무서움이 견디기 어려웠다. 산 그림자가 방 안까지 길게 드리울 때쯤이면 으스스한 느낌이 들었다. 이와 함께 외로움이 전신을 엄습해 와 몸과 마음이 꽁꽁 얼었다. 숙직실 건물이 공동묘지 위에 세워졌다는 소문을 들어서인지 한 발자국도 움직일 수 없는 두려움으로 자신을 통제할 수가 없었다. 벽에서 무당의 방울소리까지 나는 것이 아닌가. 그렇게 잠 못 이룬 이튿날은 수면부족으로 고통이 이만저만 아니었다. 머리가 아프고 피로가 쌓였으며, 우울감, 무력감 등으로 매사에 의욕이 없고 재미가 없었다.

생각 끝에 구형 오르간 한 대를 방으로 옮겼다. 사람의 마음을 순화시키는 데는 음악이 좋을 것이라 생각했기 때문이다. 노래 중에서도 인간의 감정에 가장 단순하게 접근하여 강한 영향을 주는 것은 동요라고 보았다. 오르간을 치며 노래를 불렀다. 마을과 꽤 많이 떨어진 곳까지 바람을 타고 날아가는 멜로디는 적막한 공간을 한순간에 변화시켰다. 노래 속에 숨어 있던 산과 들, 꽃과 구름이 나를 행복한 곳으로 데려다 주었다. 뜸북새, 시냇물, 반달, 초록빛 바다 등 매일 밤 되풀이 되는 음악 메뉴는 그렇게 두려움의 세계에서 벗어나게 했다. 말하자면 요즘 한창 유행하는 음악치료를 수십 년 전에 미리 한 셈이다. 생활이 즐겁게 느껴졌다. 추적추적 비가 내리는 을씨년스러운 날이나, 정자나무가 신음소리를 내는 밤에도 마음은 기쁨으로 찼다.

그 후론 불안장애라든가 우울증이라는 고약한 친구가

찾아온 적이 없다.

  K도 하루빨리 마음속 긍정의 물꼬를 터, 우울을 떨치고 활기찬 예전의 모습으로 돌아오길 바란다.

  병문안만 허락되면 곧바로 K에게 달려가야겠다.

(2008.6.1 대구일보)

춤

 마음을 몸으로 나타내는 방법에는 여러 가지가 있다. 그 중 하나가 춤이다. 슬픔이나 어려움에 처해 있을 때 울고 나면 속이 후련하듯이 춤을 추고 나면 자잘한 마음 속 멍울들이 절로 풀려버린다. 흥이 나면 저절로 우러나오는 몸짓이 곧 춤으로 이어지기에 우리의 일상은 늘 춤에 닿아 있다고 봐도 과언이 아닐 성싶다. 부모 앞에서 손뼉치고 재롱부리는 아기들의 귀여운 모습도 춤의 범주에 넣는다면 인간의 최초의 춤일 게다. 지나친 비약일까. 좌우간 인간의 가장 밑바탕에 있는 본성을 몸으로 표현하는 행위임에는 틀림이 없다.
 몇 년 전 신라문화제에 참석한 적이 있었다. 각국의 음식과 풍물들이 소개되고 과거와 현재, 미래의 발자취가 펼쳐진 곳이어서 볼거리가 많았다. 낯설고 신비로운 모습에 혼을 빼앗겨 눈길을 어디에 둘지 모르고 허둥거렸다.

그 중에서 가장 먼저 마음을 끈 것은 다름 아닌 춤이었다. 젊은이들이 펼치는 춤, 고유한 의상을 입고 낯선 몸짓으로 마치 새로운 그림을 그리는 듯 자기 나라의 정서를 나타내는 춤이 아름답기 그지없었다. 얼굴이 다른 만큼 그들의 춤 또한 다양하고 이채로웠다. 남미의 선정적인 삼바 춤과 태국의 화려한 손가락 춤, 괴성을 울리며 동물의 흉내를 내는 인디언 춤, 기모노를 입은 일본 여인의 애교 어린 춤, 아랍인들의 배꼽 춤, 하와이의 낭만적인 춤 등 이름도 알 수 없는 많은 춤들이 눈을 즐겁게 했다. 춤은 음악과 곁들여지면서 신비를 자아내고 마음을 사로잡았다.

당연히 우리의 전통춤도 빠지지 않았다. 우아함을 가진 우리 춤은 손끝에서 울려 퍼지는 예술이다. 마치 향기를 퍼트리듯 말이다. 굿거리장단에서는 움직임이 없는 가운데 동작을 연결하여 우리의 마음을 끌어당겼다. 덧뵈기장단에는 서서히 흥이 솟아 엎드려 물결 타기 동작을 하다가 수건을 입에 물고 엇모리장단과 잦은모리장단으로 넘어가면서 어깨춤, 발춤, 수건 뿌리고 날리기 등 다양한 춤사위가 연결됐다. 역시 우리의 삶을 그대로 담고 있었다.

춤이 요즘 대중의 사랑을 받고 있다. 도로가에 허수아비같이 걸쳐져 있는 현수막에도 스포츠댄스 교습이란 글이 보인다. 댄스라는 부정적인 면을 새로운 운동으로 자리매김한 것 같다. 주민자치센터나 학교의 특기적성교육에서도 춤의 열기가 후끈 달아오른다. 장애인 학교에서도 스포츠댄스를 가르치고, 사회교육의 일환으로 대학에서도 강좌를 열고 있다. 세월의 흐름에 몸을 가누기 어려운 노인들도, 심지어 휠체어를 타고 상체만을 사용하는 장애인도, 음악에 따라 춤을 추는 레스 댄스가 치료 목적으로 활용되고 있다. 건강 유지와 여가 선용에 곁들여 정서 활동에 빠지지 않는 단골 메뉴가 된 셈이다.

시대의 변화가 의식의 변화를 이끄는 것인가. 지금까지 눈으로 보고 즐겼을 뿐 적극적인 참여를 망설이던 나는 관객에 불과했다.

이제 고지식한 사고를 털어내고 정식으로 춤을 배워보고 싶은 마음에 빠져든다. 우리 춤을 비롯하여 차차차, 룸바 등을 익혀 건강도 지키고 재미도 느껴보고 싶다. 나아가 왈츠나 탱고까지도 즐기고 싶은 마음이 생긴다. 기왕이면 빨간 무도복을 입고 춤을 추면서 여생의 고비에서 찾아오는 외로움을 달래보고 싶다.

이젠 산을 내려가야 할 때
- 지난 시간을 더듬다

그 숲에 처음 발 들여놓을 무렵
공기는 칼칼하여 더 신선했고
새벽안개 설레며 피어올랐다
기지개 켜는 나무들 사이로
바람은 힘차게 불었고
공기는 달콤했다

내 앞에 몇 개의 봉우리가 있는지
얼마나 험한지, 높은지,
산은 말이 없었고
내 다리는 튼튼했다

꿈이었던가
정신없이 올랐던 첫 번째 봉우리, 산간학교

한 십 년 지나니
부엉이 울음도 자장가 되더라.
양지바른 곳 찾아다니며 겨울 나던
그 시절 노랫소리 풍금소리
시방도 귓가를 맴돈다

두 번째 봉우리에서 만난,
소리를 찾아 절규하는 아이들.
수화로 함께 했다
사연마다 뼈마디 녹이지 않는 것 없었지만
함박웃음은 언제나 눈부시더라
그러는 사이 이십 년이 흘렀다

세 번째 봉우리에선
마음이 닫혀버린 아이들과 함께했다
야생마의 힘찬 달음박질, 칠 년
발자국마다 꽃이 피었지만
그 또한 바람이었다

삼십칠 년 바람의 세월

한눈에 스치고
아련한 추억만 가슴 총총 박혔다
욕망이 할퀴고 간 그 사납던 자리에도,
열정이 시들어버린 슬픔의 자리에도,
노을이 곱게 내려앉는다.

앞서거니 뒤서거니 땀 흘리는 후배들이여,
거친 바람 되어 불어도 보소
광야를 가로 질러 보소
잠자는 바람의 소리에도 귀 기울여 보소

향기 없고 모양 없지만
내 삶의 등반기 전하니
막이 내리면
추억의 뒤안길, 나그네로 떠돌더라도
우리 인연의 향기 한 번쯤은
음미해주소

지금은 산을 내려가야 할 때라오

작품평 - 『대구문학』 2010년 11,12월호 <수필 계간평> 중 일부

'아름다운 도전'을 읽고

이동민(수필가)

   정상규의 '아름다운 도전'은 장애가 있는 제자와 스승의 끈끈한 사랑을 이야기하였다. 그러나 주제는 장애아의 도전이다.
   사람에게 감동을 주는 이야기의 구조는 거의 전형화 되어 있다고 하였다. 불우한 주인공이 어려움을 뚫고 유종의 미를 만들어내는 이야기 형식이다. 이런 형식의 이야기가 독자에게 제일 많은 감동을 준다고 하였다.
   이 수필은 바로 이와 같은 형식에서 벗어나지 않는다. 거기에다 스승과 제자의 인간관계를 아름답게 부각시켜 감동은 더 진해진다. 이 수필은 갖가지 이야기는 배제하고 주인공의 이야기를 집중적으로 표현함으로 독자의 시선이 흩어지지 않는다.
   수필을 이야기 형식으로 쓰자고 말하였다. 그렇다면 이 수필은 이야기를 어떻게 꾸며야 하는지를 보여주는 하나의 본보기가 될 것이다.

등줄굴노래기의 노래

2011년 8월 16일 인쇄
2011년 8월 20일 발행

지은이 / 정상규
펴낸이 / 손희경
펴낸곳 / **책마을**
등록제 342-2007-00005호

주소 / 대구시 동구 신천4동 337-5 4층
전화 (053) 942-5345
FAX (053) 942-5346
E-mail moonin01@naver.com

값 10,000원

ⓒ정상규

ISBN 978-89-93329-19-3
이 책의 무단전재 및 복제행위는 저작권법에 의거, 처벌의 대상이 됩니다.
※ 잘못된 책은 서점에서 바꾸어 드립니다.